george the Dog

John & George

John & George

O cão que mudou minha vida

John Dolan

TRADUÇÃO
Angela Pessôa

FÁBRICA 231

Título original
JOHN & GEORGE: the dog who changed my life

Primeira publicação em 2014 na Grã-Bretanha pela Century

Este livro é uma obra de não ficção baseada na vida, nas experiências e lembranças do autor. Em alguns casos especiais, nomes de pessoas, lugares, datas, ordens e detalhes de acontecimentos foram alterados para proteger a privacidade de terceiros. O autor atesta que, com exceção de aspectos menores que não afetam a precisão substancial da obra, o conteúdo desta obra é verdadeiro.

Direitos para a língua portuguesa reservados
com exclusividade para o Brasil à
EDITORA ROCCO LTDA.
Av. Presidente Wilson, 231 – 8º andar
20030-021 – Rio de Janeiro – RJ
Tel.: (21) 3525-2000 – Fax: (21) 3525-2001
rocco@rocco.com.br
www.rocco.com.br

Printed in Brazil/Impresso no Brasil

Preparação de originais
GUILHERME KROLL

Editoração
FA STUDIO

CIP-Brasil. Catalogação na fonte.
Sindicato Nacional dos Editores de Livros, RJ.

D571j Dolan, John
John & George : o cão que mudou minha vida / John Dolan; tradução Angela Pessôa. – 1. ed. – Rio de Janeiro : Fábrica 231, 2014.

Tradução de: John & George: the dog who changed my life
ISBN 978-85-68432-03-7

1. Dolan, John. 2. George (Cão). I. Título.

14-16306 CDD: 92
CDU: 929:-056.262

Em memória de Gerry
e Dot Ryan e Les Roberts

A George, o cão

Prólogo

– Quanto dinheiro você calcula que ganhei para você hoje, John?

Era Griff, e ele sorria de orelha a orelha.

– Como vou saber? – Dei de ombros. – Dez pilas?

Eu estava sentado na calçada da rua Shoreditch High, desenhando os prédios ao meu redor, como havia feito todos os dias nos últimos três anos.

Meus dedos congelavam e eu estava matutando se conseguiria bancar uma xícara de chá e um sanduíche para conseguir continuar.

George encontrava-se ao meu lado, como sempre, envolto em um casaco e com um copo de papel à frente para que os passantes largassem ali alguns trocados.

– O que são dez pilas?

– Dez paus para você, garoto bacana.

– Não, mais que dez paus, John.

Gostei daquilo. O copo continha apenas algumas moedas, um punhado de prateadas e um pouco de acobreadas, embora estivéssemos sentados na rua por umas boas horas. O que quer que Griff houvesse ganhado, tinha sido mais do que George e eu naquele dia.

– Cem paus? – perguntei, meio que brincando.

– Não, vá em frente.

Griff estava agitado. Eu podia sentir a energia que emanava dele, mas estava tentando impedir que ela passasse para mim.

– Bem, como diabos vou saber. Quinhentos?

– Mais.

– Mil?

– Mais.

Agora eu estava ficando agitado; era impossível não ficar.

– Me diz!

– John, estamos falando de milhares.

– Está falando sério? O que você está querendo dizer com milhares?

– Estou querendo dizer... 15 mil libras, para ser exato.

De repente, eu estava de pé, rindo, franzindo a testa e coçando a cabeça em descrença.

– Verdade? Você ganhou 15 mil libras? Como fez isso?

– Vendi cinco dos seus desenhos. Só um por cinco mil.

Eu sabia que Griff estava dizendo a verdade, mas não consegui assimilar aquilo, não de imediato.

– É melhor que você não esteja mentindo, Griff, porque se estiver...

– John, é a verdade absoluta. Cinco desenhos vendidos. Quinze mil no total das vendas.

George sentava-se imóvel e orgulhoso como de costume, as patas dianteiras estendidas à frente e a cabeça erguida. Começou a farejar o ar e olhar para mim na expectativa, aguardando meu comando.

– Vem cá, George! Vem aqui, garoto!

George pôs-se de pé sobre as quatro patas e enfiou a cabeça em minhas mãos estendidas quando agachei para falar com ele.

– Você ouviu isso, George? Quinze mil! Vou ficar rico.

Eu andava morto de preocupação de perder o teto sobre minha cabeça, mas, naquela fração de segundo, meus temores se dissolveram. Mal podia acreditar no que estava ouvindo.

Acho que George tampouco acreditava. Ergueu as orelhas e inclinou o focinho de um lado para outro, como sempre faz quando está escutando com atenção. Sua mandíbula parecia encaixada em um sorriso satisfeito e seus olhos brilhavam.

"Quando recebo minha metade?", teria perguntado se pudesse, pois é um sem-vergonha ordinário. "Sério, bom para você, companheiro", teria acrescentado, ou eu gostaria de pensar que sim. "Você merece uma trégua. Só não se esqueça de onde veio sua sorte..."

Isso ocorreu na primavera de 2013. Eu tinha 41 anos e vender aqueles desenhos foi só o segundo golpe de sorte que tive em toda a minha vida.

O primeiro, realmente importante, foi encontrar George poucos anos antes. Eu não sabia disso na época, mas ele era meu amuleto da sorte; o cão que viraria todo o meu mundo de cabeça para baixo.

Sem George eu não teria pegado a caneta e recomeçado a desenhar após negligenciar minha aptidão durante décadas, tampouco teria conhecido Griff, igualmente conhecido como Richard Howard-Griffin, o *marchand* local. Também estaria caído na sarjeta, preso ou enterrado sob sete palmos de terra, e essa é a mais pura verdade.

Em vez disso, colaborei com alguns dos mais famosos artistas de rua do mundo, minhas gravuras estão penduradas em paredes de Nova York a Moscou e tenho uma mostra em Londres em meu currículo. Chegar onde estou agora foi uma jornada e tanto. Quando encontrei George, eu estava preso em uma porta giratória composta por falta de moradia, crime, prisão, depressão e drogas havia muitos, muitos anos.

Foi George quem, por fim, fez com que a porta parasse de girar e foi George quem fez com que o artista em mim se erguesse e saísse da escuridão.

Não foi tarefa fácil para um jovem staffordshire bull terrier, sobretudo por ele ter tido uma vida difícil antes de nos conhecermos. George é meu universo. Sou louco por ele e esta é a história de como ele mudou minha vida.

Capítulo um

George entrou em minha vida no inverno de 2009, quando eu morava sozinho em uma quitinete temporária da habitação social, acima de uma banca de jornal na rua Royal Mint, pouco depois da Torre de Londres. Fazia dois anos que eu tinha a sorte esporádica de morar ali, o que era praticamente a única coisa boa que me acontecia. Eu vinha lutando de quase todas as formas que uma pessoa poderia lutar: não tinha emprego, não tinha renda nenhuma e nenhum controle sobre meu problema com drogas. A única coisa que possuía era a casa, e havia sido morador de rua e dormido ao relento com frequência suficiente ao longo dos anos para saber o quanto era afortunado por ter qualquer tipo de teto sobre a cabeça. Como minha mãe Dot havia me ensinado ao crescer, a caridade começa em casa, e quando encontrava pessoas menos favorecidas que eu nas ruas, às vezes me oferecia para hospedá-las por uma ou duas noites. Foi como vim a conhecer Becky e Sam.

Conheci-os diante da estação de metrô de Tower Hill. Era um belo casal de jovens no início da casa dos vinte anos, que se sentava para mendigar uns trocados. Eles, como a maioria das pessoas desabrigadas que pediam esmolas, pareciam de saco cheio e precisando de uma trégua. Tinham um cão pastor que me lembrava um pouco um do qual cuidei na juventude, e foi por isso que conversamos pela primeira vez. Durante o período de mais ou menos um mês, vim a conhecer Becky e Sam muito bem porque, por mais que me envergonhe reconhecer, eu também estava mendigando, não sabia mais o que fazer. Costumava dizer às pessoas que estava "com dificuldades financeiras", mas era bem pior que isso. Eu estava de fato batalhando para tomar conta de mim mesmo. Não possuía um tostão furado e sentia que não tinha outra opção a não ser estender o chapéu, pedindo aos passantes se poderiam ceder alguns trocados a um pobre-diabo incorrigível como eu. De qualquer forma, sempre que eu via Becky e Sam, tentávamos nos animar, levando xícaras de chá ocasionais para espantar o frio ou trocando histórias a respeito do que os clientes haviam dito.

– Aquele sujeito disse que eu tinha um sorriso bonito, me deu cinco paus e disse que eu merecia um pouco de sorte – dizia Becky.

– Aquele velhote disse que eu era uma desgraça para a raça humana e que devia me atirar debaixo de um ônibus de dois andares – brincava eu. Isso não estava muito longe da verdade, mas o único jeito era dar pouca importância à situação, que a pessoa simplesmente desistiria.

Dezembro estava chegando e o frio começava de fato a se instalar. Eu sabia, por experiência própria, que aquela era uma época deprimente para estar nas ruas, então disse a Becky e Sam que poderiam passar algum tempo comigo se quisessem. Fazia dois anos que eles vinham dormindo ao relento e, como seria de se esperar, aproveitaram a chance, mesmo que eu os houvesse avisado que minha quitinete definitivamente não era o Ritz. Era úmida, fria e apertada, com espaço suficiente apenas para minha cama de solteiro, mas eles sentiram-se muito gratos e se espremeram lá dentro, dormindo amontoados ao lado de seu cão pastor. Contaram-me que haviam resgatado o cão de um abrigo para sem-teto após ver alguém chutá-lo de forma impiedosa, o que realmente me comoveu. Eu havia testemunhado muitos atos absurdos de maus-tratos e violência ao longo dos anos, e eu mesmo havia recebido muita pancada quando já estava por baixo.

– Vocês fizeram uma coisa muito boa – eu disse a Becky. – É esse o significado da vida.

Com poucos dias de estadia, Becky correu até o apartamento, parecendo transtornada. Ofegante, perguntou se eu permitiria que ela hospedasse outro cão. Fui pego de surpresa. Quando se é um sem-teto, é importante não assumir muita responsabilidade. Já é bastante difícil chegar ao final de cada dia arranjando dinheiro apenas para se alimentar. Como lidar com dois cães?!

– Por quê, querida, está tudo bem? O que aconteceu? – perguntei.

– Bem, é uma história meio estranha – respondeu ela, recuperando o fôlego.

Segundo vim a saber, um escocês bêbado havia cambaleado até Becky na estação de metrô e perguntado se ela queria comprar seu cão.

– Quanto você quer por ele? – ela havia perguntado.

– O preço de uma lata de cerveja forte, só isso, querida – respondeu o escocês.

– Não seja idiota! – Becky havia dito. – Você não pode vender seu cachorro por uma lata de cerveja!

Ela olhou para o cão, calmamente sentado ao lado do escocês, tratando da própria vida. Era um animal novo, bonito, muito alerta e era um evidente insulto trocá-lo pelo valor de uma lata de cerveja, forte ou não. Becky achava que o escocês não merecia conservar o cão se pensava que aquilo era tudo o que o animal valia e, então, esvaziou os bolsos para ver quanto dinheiro levava consigo.

– Quer saber, vou te dar vinte libras – disse ela. – Tome isso, mas não volte, ouviu?

– Certo, querida. Entendido – retrucou o sujeito, contando o dinheiro. – A propósito, o nome dele é George.

O escocês se afastou cambaleando e Becky ficou ali segurando a guia velha e gasta, perguntando-se o que havia feito e esperando que eu não me importasse em manter o animal no apartamento também.

– Por que não? – disse eu após ouvir a história. – Parece que esse cara está precisando de uma trégua também. Vá em frente, traga o cachorro para cá.

Becky desceu para buscá-lo. E, poucos minutos depois, a porta tornou a se abrir, e entrou George. Fiquei imediatamente surpreso com a beleza de cão que ele era. Cães de moradores de rua nem sempre são bem cuidados e alguns podem parecer um tanto estropiados e fracos, mas embora aparentasse estar um pouco nervoso, eu percebia quão cheio de vida ele era. Havia algo muito atraente na mancha escura ao redor de seu olho esquerdo e no fato de ele possuir uma orelha escura e outra clara. Havia um corte em uma das orelhas, como se tivesse participado de alguma espécie de briga, mas era inegável que se tratava de um belo cão.

– Uma lata de cerveja forte? – disse eu. – O cara deve estar maluco!

Acariciei o topo da cabeça de George e disse "oi", mas não fiz muito estardalhaço, pois percebi que ele estava um pouco nervoso e inquieto. Acho que dificilmente isso seria de surpreender. Devia ser duro encontrar-se em um quarto estranho com novos donos, mas sabe Deus que tipo de vida ele havia levado com o escocês.

– Há quanto tempo esse sujeito escocês estava com ele? – perguntei.

Becky deu de ombros.

– Não faço a menor ideia, mas não acho que George seja muito velho.

Concordei. Ele não era um filhotinho, mas não parecia ter mais que, digamos, um ano e meio.

George sentou-se em silêncio no chão, observando e ouvindo, o corpo inacreditavelmente imóvel. Seguia com os olhos quem quer que estivesse falando e suas orelhas subiam ao menor ruído proveniente do exterior do apartamento. Embora estivesse claramente vigilante, aparentava uma calma profunda. Para dizer a verdade, havia em George alguma coisa um tanto mesmerizante. Gostei dele desde o início.

Sinta-se em casa.

– Você pode tomar conta de George para nós por algumas horas? – perguntou Becky poucos dias depois. – Eu não gostaria de pedir, só que é muito importante.

Ela e Sam tinham um encontro com uma assistente social que estava tentando tirá-los das ruas, e Becky explicou que eles não queriam aparecer com dois cães. Eu sabia que o cão pastor ia para todo lado com eles e fiquei feliz em ajudar. George vinha se mostrando muito comportado nos poucos dias em que eu o conhecia. Quase nunca latia e possuía uma presença serena que me deixava à vontade. Estava se tornando um hóspede muito bem-vindo.

– Com o maior prazer – respondi. – Você é um bom garoto, não é, George?

Ele olhou para mim e inclinou a cabeça. Pensei que não teria absolutamente nenhum problema com ele. Na realidade, não pensei, ponto-final.

Fazia horas que Becky e Sam haviam saído e peguei-me alimentando George com meia lata de comida para cães dos supermercados Tesco que eles haviam deixado perto da chaleira e oferecendo-lhe uma tigela de água. Podia fazer muito tempo que eu não cuidava de um cão, mas ainda assim eu me dava conta de que precisava sair com ele se os dois não voltassem em breve. Esperei o quanto pude, até que começou a escurecer, então entreguei os pontos. Eu percebia o quanto George estava entediado e não parecia correto manter um cão novo como ele oprimido dentro do apartamento minúsculo. George pareceu animado quando por fim engatei nele a guia, e quando abri a porta da frente, lançou-se para fora, puxando-me escada abaixo como um husky com um trenó.

Quando chegamos à rua, segurei-o com bastante força e demos uma volta no quarteirão. Eu estava preocupado pois, devido a meu vacilante tornozelo artrítico, sabia que ele era forte o suficiente para me arrastar, mas tentei não deixar que isso me inquietasse. Só queria me concentrar no quanto era bom passear com um cão novamente. Devia fazer mais ou menos 15 anos desde a última vez. Na verdade, aquela parecia ser a primeira vez em 15 anos que eu ia a algum lugar com um propósito bom, honesto.

Enquanto perambulávamos pelo parque, recordei a época em que era criança e levava meu cão de infância, Butch, um lindo vira-lata preto, para passear pelas ruas de Londres, perguntando-me o que a vida me reservava. Isso ocorrera há tempos, e que grande decepção minha vida tinha se tornado.

– Na vida, as coisas nem sempre acontecem do jeito que se espera, certo, companheiro? – perguntei a George, que de repente girou e me lambeu a mão. – Ei, se comporte! – disse eu. – O que você está fazendo?

George tocou minha perna com o focinho, o que instantaneamente me animou. Era como se estivesse tentando me agradecer pelo passeio, por cuidar dele. Não era necessário. Era ele o motivo pelo qual eu havia saído para dar um passeio, para respirar ar puro em vez de estar enterrado em meu apartamento pequeno e deprimente, pensando em maneiras de esquecer minha situação. Ele me devia tanto quanto eu a ele.

Ainda assim, passear com George era um tanto intimidante, pois eu não estava acostumado a ter absolutamente nenhum tipo de responsabilidade, e fazia um tempo danado de longo que não cuidava de um cão. Quando estávamos saindo do parque, George inclinou a cabeça para um dos lados e me olhou com atenção, como se tentasse de fato me entender. Senti que precisava dizer alguma coisa, responder às perguntas em seus olhos.

– Você vai ficar bem comigo, filho – disse eu. – Tem um pouso. Não se preocupe com nada.

Ele franziu a testa e lançou-me um olhar contundente. Sentei-me em um banco de rua, George deitado aos meus pés, peguei um velho exemplar do *Evening Standard* e comecei a folhear as páginas. Uma reportagem a respeito de cortes de benefício me chamou a atenção e me pus a ler. Um dos muitos motivos pelos quais me encontrava naquele estado era meus benefícios terem sido cortados. Decerto não era a história toda – eu tinha meu considerável quinhão de culpa – mas era definitivamente parte do motivo pelo qual havia acabado por mendigar nas ruas, embora fosse a última coisa que desejasse fazer. Eu precisava desesperadamente de uma trégua, mas com meu histórico e todas as complicações que tinha na vida, ninguém em seu juízo perfeito teria me dado um emprego. Eu não conseguia enxergar nenhuma saída do buraco negro que havia cavado para mim mesmo; havia me resignado ao fato de que minha vida nunca iria melhorar. E, provavelmente, ficaria muito pior.

Enquanto lia a reportagem, George sentou-se entre minhas pernas e enfiou o nariz no jornal.

– Seu malandro – murmurei, afastando o jornal e começando a lhe acariciar grosseiramente a cabeça, do que ele pareceu gostar, e pela primeira vez dei uma longa e boa espiada nele. Olhei-o profundamente nos olhos e ele me encarou em resposta, decidido e orgulhoso. Pareceu acontecer uma ligação entre nós ali. Havia grande profundidade naquele olhar, uma paz subjacente, e recordo que um sentimento de calma me percorreu enquanto partilhávamos aquele momento. Foi a primeira vez em muito tempo que senti alguma coisa semelhante à paz.

Becky e Sam estavam tinindo quando voltaram ao apartamento no final da tarde, e percebi de imediato que estavam desesperados para me contar alguma coisa.

– São boas notícias? – perguntei.

Eles estavam claramente empolgados, mas quando começou a falar, Becky pareceu um pouco nervosa.

– É o seguinte, John. Nos ofereceram um apartamento, mas... – Ela olhou para George, que parecia aguardar cada palavra.

– Isso é fantástico! – interrompi. – Parabéns! Muito bom para os dois.

– Só tem um problema.

– Vá em frente...

– Só podemos levar um cachorro.

Olhei para George, que se sentava em silêncio, olhando para o chão. Meu Deus, tive pena dele. Eu sabia exatamente qual a sensação de não ser o escolhido, de ser aquele que é deixado para trás. Sabia que Becky e Sam não tinham como recusar a oportunidade de um teto após terem dormido por tanto tempo ao relento. Estava claro que o cão pastor iria com eles. Seria George a ficar sem um lar.

– Não tem importância, companheiro – disse eu, aproximando-me e coçando a cabeça de George. – Um cara bonito como você vai encontrar um novo lar sem problemas.

– Er – deixou escapar Becky e começou a esfregar nervosamente as mãos uma na outra. – John, tenho outra coisa para perguntar.

– O que é?

– Bem, nós estávamos esperando que você cuidasse dele. O que você acha?

Baixei os olhos na direção de George, recordei nossa tarde no parque e percebi que havia apenas uma resposta.

– É claro. Ele pode ficar comigo pelo tempo que vocês quiserem, até encontrarem um bom lar para ele. Vou ficar feliz em ter companhia por algum tempo.

Becky sorriu, mas percebi que não havia terminado.

– Er, não estou me referindo a um período curto... – prosseguiu, seus olhos movendo-se com rapidez entre George e mim. – O que estou querendo dizer é, você quer ficar com ele? Quer adotar George?

Eu mal podia acreditar no que estava ouvindo. Ninguém confiava em mim para nada desde que eu conseguia lembrar, e ali estava Becky me oferecendo aquele lindo animal.

– Eu? Você quer que eu fique com ele? – perguntei, mais a mim mesmo que a Becky.

– Quero... se você quiser. Nós vimos como você cuidou dele. Você é um cara autêntico, John. Sam e eu percebemos isso. Sabemos que vai cuidar bem dele, ou não pediríamos.

Quando a pessoa esmola para viver, poucas vezes recebe elogios, então fiquei de fato comovido com o que Becky estava dizendo. Era óbvio que ela percebia o quanto George e eu estávamos nos entendendo bem, o que me deu a confiança de que necessitava para dizer o que disse em seguida.

– Sério? Bem, quando você coloca as coisas desse jeito... essa bajulação vai te levar a qualquer lugar, querida!

E assim ficou decidido. Bati com as mãos nas coxas.

– Vem cá, George! Vem aqui, garoto.

George levantou-se do chão e se aproximou trotando, abanando o rabo.

– O que eu disse a você? Na vida, as coisas nem sempre acontecem como se espera, certo, companheiro?

Becky e Sam mudaram-se naquela noite e já estava bem tarde quando fui dormir. Na época, eu não vinha dormindo muito bem, mas após preparar meu sofá-cama e ajeitar George no chão, caí muito facilmente em um sono profundo. Na manhã seguinte, abri os olhos e vi George acomodado na dobra de minhas pernas, ao passo que jazia de lado. Por um segundo, achei que estivesse imaginando coisas. Ele parecia completamente relaxado, enroscado como se sempre houvesse estado ali. Levei um minuto ou dois para acordar da forma apropriada e, quando o fiz, meu primeiro pensamento foi: "Para onde diabos eu fui e o que foi que fiz?"

Toda a confiança que havia sentido no dia anterior havia desaparecido. Eu estava um caco. Sem emprego, sem dinheiro, sem rumo. Não conseguia sequer cuidar de mim mesmo, muito menos de George. Ele era um cão grande, pelo amor de Deus. Aquilo era uma completa e absoluta loucura; eu jamais seria capaz de lidar com aquilo. Fechei os olhos, tentando afastar o problema. Eu odiava manhãs e nunca prestava para nada antes do meio-dia. Em geral, a partir do instante em que acordava, punha-me a pensar em como passaria o dia, ou mesmo se sobreviveria a ele. Já estava vivendo no limite e ter de me preocupar com um cão era o tipo de coisa capaz de me derrubar. Becky entenderia, e se tivesse de encontrar um novo lar para George sozinho, era o que eu faria.

George agitou-se e ergueu o focinho até meu rosto, o que me fez piscar e abrir os olhos novamente. Achava-se a poucos centímetros de mim, me encarando. O apartamento estava gelado e ele bafejava nuvens brancas de ar quente em meu rosto.

– O que você quer? – perguntei. – O que está fazendo, hein?

Seus olhos castanhos brilhavam. Ele parecia alerta e animado; o completo oposto de como eu me sentia.

– Anda, cai fora! Vou levantar em um minuto. Cai fora!

Peguei o celular e liguei para Jackie, minha irmã. Era o único membro de minha família com quem eu ainda falava, embora pudéssemos passar seis ou nove meses seguidos sem nos comunicar, e fazia alguns anos que não a via.

– O que foi, John? – perguntou ela, pois sabia por experiência própria que sempre que eu telefonava ou estava com problemas ou precisava de um favor.

– Fiz uma coisa idiota.

– Não diga. O que é desta vez?

Como sempre, havia uma nota de simpatia e preocupação em sua voz, mesmo que devesse estar extremamente cansada de lidar com seu irmão caçula, que não servia para nada.

– Tenho um cachorro e não consigo cuidar nem de mim!

Jackie riu.

– Está falando sério?

– Não é nenhuma brincadeira. O que eu vou fazer?

– Bem, consigo pensar em coisas piores que você poderia ter feito. Como se chama o cachorro?

– George.

George havia se afastado para bisbilhotar, mas quando eu disse seu nome, tornou a se aproximar, com um olhar expectante no focinho. Percebi que ele provavelmente precisava sair. Tudo que eu necessitava era de mais sono, mais tempo para colocar a cabeça no lugar e calcular meu próximo passo.

– Como ele é?

– Lindo – respondi sem pensar. – É o cachorro mais lindo que você já viu, Jack. – A essa altura, George havia tornado a saltar para a cama e estava me empurrando e lambendo meu rosto. – Olhe, tenho que ir. O cachorro está em cima de mim. Falo com você mais tarde.

– Tudo bem, entendi – eu disse a George, afastando-o. – Sei que você quer passear. Bem, se é isso que quer, é o que vamos fazer enquanto decido o que fazer depois...

Eu não sabia na ocasião, mas naquele exato momento tomei uma decisão que por fim mudaria o rumo de minha vida. Sairia da cama pela manhã, não à tarde, e levaria George para passear, pois era do que ele precisava, mesmo que fosse a última coisa que eu quisesse fazer.

Eram mais ou menos dez e meia quando nos dirigimos juntos a um parque nas redondezas. Embora o dia estivesse muito frio, o sol de inverno estava baixo e brilhava com intensidade. Minha cabeça parecia enevoada e pesada e meus olhos ardiam dolorosamente. Eu mal conseguia lembrar da última vez em que havia saído do apartamento tão cedo. Uma jovem mãe com um carrinho de bebê nos avistou caminhando na calçada e se afastou. Perguntei-me se teria medo de cães como George, mas então me dei conta de que provavelmente era eu o mais assustador dos dois. Eu tinha o hábito de dormir de roupas, pois o apartamento era muito frio, e detestava me lavar e me barbear, pois não tinha água quente, o que tornava a experiência muito desconfortável. Havia perdido alguns dentes ao longo dos anos, o que não contribuía para minha aparência. Fazia tempo que não me olhava no espelho, pois detestava meu aspecto. Além de tudo isso, eu não cheirava exatamente a rosas nem tampouco George. Não podia culpar aquela mãe por sair de nosso caminho. No estado em que me encontrava, provavelmente não me qualificava para andar em público e decerto não parecia capaz de ser responsável por um cão como George.

Como no dia anterior, George puxava a guia com força e, quando chegamos ao parque, eu realmente lutava para continuar de pé. Meu tornozelo direito estava pior que de costume e eu deveria estar usando muletas para me ajudar a caminhar, como não raro fazia quando minha artrite piorava durante os meses de inverno. Mas as havia deixado na quitinete, pois não gostava dos riscos de segurar George e também as muletas. Era uma batalha que ele estava destinado a vencer.

George me levando para passear.

Encontrei uma velha bola de tênis no apartamento e levei-a comigo para o parque. Quando chegamos lá, soltei a guia de George e atirei a bola o mais longe que consegui, na esperança de me conceder um pouco de descanso por ter sido arrastado.

Ele saltou para longe para pegá-la e, poucos segundos mais tarde, havia voltado com saliva gotejando da boca e a bola firmemente apertada na boca.

– Bom garoto! Solte a bola. Solte a bola, George!

Com Butch, o cão com o qual havia crescido, isso era tudo que eu precisava dizer. "Solte!" foi um comando que ele aprendeu desde o início, que entendia com facilidade e sempre obedecia. Mas George era outra história. Recusava-se a relaxar a mandíbula, e simplesmente ficou ali sentado, apertando a bola, como se sua vida dependesse disso. Estendi o braço com nervosismo e comecei a lhe arrancar a bola da boca com as mãos desprotegidas. Foi a primeira vez que tentei enfiar a mão na boca de George e praticamente a última. Ele quase arrancou meus dedos!

– Ei! Cuidado! – eu disse a George, arrancando os dedos de sua mandíbula. – Eu preciso deles.

George olhou para mim e pareceu revirar os olhos, como se retrucasse: "Não diga." Eu havia começado a notar que ele sempre me olhava nos olhos quando eu falava, e estava começando a perceber que havia uma veia atrevida em seu temperamento. Tornei a jogar a bola e dessa vez tive ainda mais trabalho para arrancá-la de sua boca. Ele rosnava e salivava, obviamente divertindo-se com as puxadas e empurrões, e justo quando pensei ter agarrado a bola, George rosnou e apertou os dentes com mais força em torno dela. Escapei sem uma mordida desagradável por pouco. Foi quando compreendi.

"Puta merda, ele é um animal completamente adulto!", foram essas as palavras que ressoaram em minha cabeça. Aquilo era sério. Se eu não conseguia comandar nem a mim mesmo, com certeza não conseguiria lidar com um animal de estimação vigoroso. Não possuía absolutamente nenhuma experiência com staffordshire bull terriers, nem com qualquer outra raça semelhante de cão. Tudo que sabia era como cuidar de meu velho cão Butch, um vira-lata comum, e isso parecia ter ocorrido muitas vidas atrás.

Seria loucura conservar George, pura loucura. Mas, por outro lado, eu não estava exatamente são – não, não naquela época, de qualquer forma.

Capítulo dois

Antes que George entrasse em minha vida e tudo começasse a mudar, eu era um homem diferente. Fazia tanto tempo que vinha fugindo do passado que havia quase esquecido minhas origens.

Fui criado em um apartamento da habitação social no President House, no conjunto habitacional de King Square, em Islington, um dos muitos em um grupo de prédios baixos. Morávamos no terceiro de cinco andares e quando ficava de pé na poltrona e olhava pela janela, como muitas vezes fazia quando menino, eu via a cúpula da Catedral de St. Paul, as três torres do Barbican e o prédio da British Petroleum na Cidade de Londres.

Naquela época, eu não me interessava pelos edifícios – decerto não da forma que me interesso hoje –, estava mais preocupado em prestar atenção em meu pai, Gerry, que voltava para casa do trabalho. Gerry era lixeiro. Acordava às quatro todas as manhãs, saía antes das cinco e trabalhava até o meio-dia, recolhendo latas de lixo em Camden. Sempre ia direto para casa para se trocar e então se dirigia ao pub Bull, em King Square, onde passava três ou quatro horas bebendo Guinness antes de voltar para casa outra vez e afundar em sua velha poltrona Parker Knoll. Provavelmente, bebia no mínimo umas sete garrafas de cerveja por dia, mas quando chegava em casa, nunca me parecia bêbado.

– Não vou assistir a essa merda – sempre dizia, mudando o canal da TV no instante em que entrava, não importava ao que eu estivesse assistindo. Logo entendi sua rotina, e quando ouvia a chave na porta, erguia-me em um salto e trocava da BBC1 para a ITV ou vice-versa, sabendo que ele mudaria de canal e eu acabaria por assistir ao programa de minha escolha de qualquer forma. Sempre tomei muito cuidado para não ser pego, pois meu pai, como a maioria dos homens daquela geração, cantava de galo. Quando perdia a paciência, sua voz preenchia o apartamento inteiro, o som estrondeante ecoando ao redor como um vilão de pantomima. Aquilo me instilava o temor a Deus.

Na verdade, eu muitas vezes ouvia Gerry dizer:

– Minha casa, minhas regras. Quem não gostar sabe onde fica a porta da rua.

Porta da rua era como chamávamos nossa porta principal, mesmo que esta se achasse a três andares da rua. Ele era um homem forte, orgulhoso, com opiniões firmes sobre a maioria dos assuntos. A piada na família era que se ele não tinha uma opinião sobre uma pessoa ou um tópico, ela ainda não havia nascido ou esse assunto não havia sido inventado.

Um desenho simples do conjunto habitacional de King Square, Islington, Londres. Onde cresci!

Como qualquer filho, eu o respeitava e admirava. Ele adorava ler livros a respeito da guerra e não raro me contava histórias sobre batalhas e soldados. Era também um artista talentoso e conseguia pintar qualquer coisa em qualquer meio caso decidisse. Sua especialidade era desenhar retratos, e recordo de ele haver me contado certa vez que desenhou um retrato da rainha que lhe captou tão bem a aparência que todos disseram que deveria enviá-lo ao Palácio de Buckingham. Mas no final, Gerry presenteou-o a um amigo que declarou ter gostado do trabalho. Gerry era assim – sempre humilde e muito generoso com os amigos. Na verdade, se houvesse uma festa para os moradores da área, em geral ocorria em nosso apartamento, e se houvesse um sujeito no pub sem uma cama para passar a noite, era meu pai que muitas vezes intervinha para ajudar.

– Quem é esse dormindo no sofá? – perguntava minha mãe na manhã seguinte.

– O último cara no bar – respondia meu pai.

Ela entendia Gerry e nunca se queixava; minha mãe possuía um coração enorme e não tinha medo de arregaçar as mangas para ajudar.

Durante minha infância, ela era faxineira e trabalhava todos os dias em escritórios da Cidade de Londres. Começava cedo pela manhã, antes que abrissem, o que significava que eu ficava no apartamento de um vizinho no térreo das seis às dez, esperando ela voltar.

Dot tornava a sair no final da tarde, para limpar depois que os funcionários dos escritórios partissem, e ficava até sete ou oito da noite antes de pegar o ônibus para casa sozinha.

Raramente se queixava, mas os longos dias e o esforço físico deviam por vezes ser difíceis. Não havia uma quantidade enorme de dinheiro e éramos cinco filhos para cuidar na família. Ela não tinha escolha, necessitávamos de cada centavo.

Eu era o mais novo e tinha dois irmãos muito mais velhos, Malcolm e David, filhos de Dot de um relacionamento anterior. Malcolm estava com 15 anos quando nasci, David com 17 e, tanto quanto consigo recordar, os dois eram duros como pregos. Malcolm tornou-se pugilista profissional e David assumiu o controle do renomado Times Amateur Boxing Club no início dos anos 1980, que se encontrava, e ainda se encontra, no centro da comunidade, proporcionando a jovens de todas as procedências a oportunidade de tomar parte no esporte. David transformou-o igualmente em um centro de treinamento de padrão olímpico.

Minhas duas irmãs, Marilyn e Jackie, eram mais novas que meus irmãos, mas ainda assim bem mais velhas que eu. Marilyn tinha 16 anos quando nasci e era filha de Gerry, de seu casamento anterior. Mal me lembro da presença de Marilyn, visto que ela passava muito tempo na casa da mãe. Na realidade, eu não a considerava de fato uma irmã e costumava chamá-la de "tia Marilyn" sempre que ela aparecia, o que não ocorria com muita frequência. Minha outra irmã, Jackie, era oito anos mais velha e eu a adorava. A primeira lembrança nítida que tenho dela é de quando precisou ir para o hospital para extrair as amídalas. Eu tinha por volta de quatro anos, abracei-a com toda minha força e não queria soltá-la.

Ela adorava nossa mãe e nosso pai e era sempre bem-comportada e bondosa, ajudando-os em casa e dando o melhor de si na escola. Costumava tomar conta de mim e eu achava fantástico tudo que lhe dizia respeito.

Não me recordo de todos os cinco filhos morando sob o mesmo teto; imagino que, com 17 anos entre mim e meu irmão mais velho e o fato de Marilyn ficar muito com a mãe, raras vezes estávamos todos juntos. Nos finais de semana e depois da escola, Jackie saía com os amigos enquanto eu passava algum tempo com minha mãe e meu pai, ou sozinho. Por ser o bebê da família, Gerry e Dot me encheram de mimos. Meu pai, em particular, gostava de me estragar com uma revista em quadrinhos da banca de jornal quando voltava do pub para casa. Nos Natais e aniversários, Gerry me levava à loja de brinquedos da Beatties na High Holborn e me sentava do lado de fora, no peitoril da vitrine, para que eu pressionasse o nariz contra o vidro.

– Meu Deus, pai, me dá aquela Tardis do *Dr. Who*? – gritava eu agitado, olhando para o brinquedo azul brilhante na prateleira.

– Dou, meu filho, vou comprar para você – dizia Gerry. Sua resposta era sempre "dou, meu filho", nunca "não, não temos dinheiro". Não importava qual fosse nossa situação, tudo que eu queria, tinha de possuir. Certa vez ele comprou para mim um tanque com controle remoto que custou cem libras, um monte de dinheiro na época. Eu sempre me admirava com a forma com que ele entrava na loja devagar e perguntava baixinho se podia comprar o brinquedo da vitrine.

– Olha, John, comprei exatamente o que *você* escolheu – explicava ele já na rua. Mesmo naquela época, eu sabia que a caixa danificada e desbotada na qual vinha o brinquedo provavelmente significava que ele havia conseguido algum desconto. Apesar disso, todos os brinquedos que comprava eram especiais para mim.

Por ser o mais novo, sempre fui capaz de divertir Dot e Gerry com minhas palhaçadas. Eles eram muito liberais e permitiam que eu me expressasse. Muitas vezes, a caminho do supermercado local, Dot me levava ao parque do conjunto habitacional, onde muitas mães sentavam-se nos bancos, desfrutando do sol. Dot acomodava-se ao lado delas e pedia a uma das garotas que me perguntasse onde estava meu pai.

– Em casa, bebendo! – respondia eu, como se fosse uma das mães e Gerry fosse meu marido.

– Como ele é, o seu pai? – perguntava outra.

– É um velho desgraçado – respondia eu com um sorriso atrevido. Já tinha feito esse discurso e ele sempre provocava risadas. Era provavelmente o ponto alto do dia daquelas mulheres, ouvir um menino como eu praguejar como um estivador.

Quanto mais elas riam de meus palavrões, mais eu os dizia, até que Dot me arrastasse para longe. À medida que nos afastávamos, ouvíamos as risadas das mulheres às nossas costas; Dot também ria, e embora dissesse que desaprovava aquilo, eu sabia que ela gostava. E era assim que eles eram; não se importavam, desde que eu não ultrapassasse o limite.

Não demorou muito para que estivesse praguejando com tanta frequência que se tornou uma segunda natureza, e eu nem mesmo me desse conta de estar fazendo isso. Hoje em dia, muitas vezes grito para George: "Vem cá, seu desgraçaa-aado!" quando não quero que ele fique atrás de mim na rua. Falo com carinho e certo ar irônico. Ele geralmente me lança um olhar de tédio, como se dissesse: "Você tem alguma necessidade disso?" E tem razão. Mas quando a pessoa passou a vida inteira xingando como eu, isso se enraíza em sua personalidade.

Aos sábados, eu ia ao Chapel Market, perto de Angel, com mamãe e Jackie. É a feira que aparece no seriado *Only Fools and Horses*, sempre repleta de vida e personalidades, como na televisão. Fazíamos sempre a mesma coisa: mamãe e Jackie entravam na Marks & Spencer, depois na Boots, antes de percorrer todos os estandes da feira. No final, comíamos torta de carne com purê na Manze, a melhor loja de torta de carne e purê de batatas em Londres. Certo dia em particular, quando eu tinha mais ou menos cinco anos, comecei a pedir torta e purê no instante em que saltamos do ônibus.

– Mãe, mãe, mãe, quero torta com purê!

– Ainda não, John.

– Quero torta e purê agora!

– Tudo bem, John, vou comprar daqui a pouco. Tenha paciência...

Eu estava gritando cada vez mais alto e Jackie, que tinha por volta de 13 anos na época, estava morrendo de vergonha.

– MÃE! Quero a droga da torta e do purê! – gritei mais alto ainda.

Eu estava ficando histérico e puxei a manga da blusa de minha mãe, recusando-me a dar outro passo.

– Escuta, sua vaca velha! Quero a droga da torta e do purê AGORA!

Eu estava batendo os pés e ficando completamente louco, e metade do mercado havia girado e olhado para mim.

Minha mãe olhou ao redor e sussurrou para Jackie:

– Vamos fingir que ele não está com a gente, Jack. Vamos deixar ele na loja de torta e purê de batatas. A gente busca mais tarde.

Uma velhinha viu em que estado eu me encontrava e aproximou-se:

– O que está acontecendo, querido? – perguntou, lançando à minha mãe um daqueles olhares.

– Cai fora e vai cuidar da própria vida – retruquei, altura em que minha mãe desatou a rir e me levou direto para a loja de torta de carne e purê o mais depressa possível: ficou claro que nada mais me impediria de gritar e envergonhá-la e a Jackie.

Domingo era o dia de visitar vovó Ryan, mãe de Gerry. Ela morava em Shoreditch, não longe de onde vivo agora, e possuía um mainá em uma gaiola chamado Jack, que tinha o estranho hábito de imitar seus velhos amigos, bem como parentes que já haviam morrido. Vovó Ryan me dava cinquenta pence, e, depois de uma hora de visita, eu me despedia e embicava para o mercado das pulgas de domingo na Brick Lane, perto da Bethnal Green, que era bem conhecido por vender produtos elétricos que não funcionavam; a pessoa teria sorte se não se eletrocutasse ou fizesse sua casa voar pelos ares com alguns dos aparelhos comprados ali. A amiga de minha avó comprou lá um pássaro canoro certa vez, apenas para descobrir que lhe faltava a parte de baixo do bico, fazendo com que ele não conseguisse emitir uma nota; ela recebeu a notícia decepcionante quando levou a ave ao veterinário para descobrir o que havia de errado.

Histórias como essa eram dez por uma moeda; faziam parte do processo de gastar dinheiro e se arriscar em um mercado como aquele – mas isso não impedia que as pessoas afluíssem para lá, apreciando a agitação na esperança de encontrar uma pechincha. O lugar estava sempre cheio e lembro-me de ver skinheads em seus casacos Crombie e botas Doc Martens, vendendo jornais da Frente Nacional no cruzamento da Brick Lane com a Bethnal Green, com um cordão de isolamento da polícia diante deles.

Eu adorava o lugar, principalmente porque sempre comia um filhó de maçã e então ia até a rua Sclater para comprar gibis de segunda mão. Escolhia os velhos American Marvel e DC Comics – Batman, Superman e alguns outros – mas tudo que me interessava quando criança era copiar as imagens.

Quando voltávamos do mercado, eu me sentava em meu quarto por horas, com lápis e papel, tentando copiar os personagens, captar as linhas arrojadas das expressões faciais e dos movimentos musculares. O sombreado era particularmente importante para mim e eu me concentrava nele nos mínimos detalhes, equilibrando os tons de cinza em meu desenho e certificando-me de que a imagem que criava aproximava-se o máximo possível da revista em quadrinhos. Quando cometia um erro, não me dava o trabalho de apagar, simplesmente começava um novo desenho e, depois de algumas horas, meu quarto ficava coalhado de folhas de papel amassadas. Eu não conseguia parar até ter captado todos os detalhes dos desenhos e conseguido descobrir as técnicas que os artistas usavam. Quando estava desenhando, nada no mundo me incomodava.

Capítulo três

Quando eu tinha apenas uns cinco anos, Jackie começou a sair com minha mãe à noite para ajudá-la a limpar escritórios nas ruas Fleet e Tottenham Court. Isso deixava a mim e a meu pai em casa sozinhos, e nove em dez vezes, ele adormecia na poltrona. Eu geralmente folheava meus gibis, fazia alguns desenhos ou assistia a um pouco de TV, mas Gerry apagava por longos períodos, tendo bebido algumas garrafas à tarde e, algum tempo depois, eu começava a me sentir entediado.

O apartamento não era um lugar muito interessante para um menino solitário. Para passar o tempo, quando não estava desenhando, eu costumava me olhar em cada um dos azulejos espelhados ao redor da lareira e examinar todos os mostradores do relógio de pêndulo de mogno grande que Dot havia comprado em um catálogo e colocado acima do console da lareira. Mas isso só me mantinha interessado por algum tempo; e com tanta coisa acontecendo para além da porta da frente, minha curiosidade levou a melhor sobre mim.

Uma noite, decidi sair para caminhar um pouco. A fim de me certificar de que não acordaria Gerry, coloquei almofadas sobre suas orelhas e depois arrastei uma cadeira até a porta da frente, desloquei suavemente a tranca e escapuli o mais rápido possível.

Andei de um lado para outro ao longo do corredor diante de nossa casa por algum tempo, até ganhar coragem para ir mais longe e descer as escadas. Por acaso, um garoto chamado David, que morava em Turnpike House e era um pouco mais velho que eu, também tinha dado uma volta em seu velho naquela noite. Dei de cara com ele diante da lixeira dois andares abaixo de nosso apartamento. Ambos sorrimos quando avistamos um ao outro.

– Muito bem, John! – disse David em tom demasiado alto e então, de forma um tanto matreira, perguntou-me se eu queria ir até o estacionamento subterrâneo.

– Boa ideia – respondi, conservando minha voz em um sussurro, e disparamos juntos escada abaixo, socando o braço um do outro e rindo baixinho.

O estacionamento destinava-se aos moradores do conjunto, mas possuía muitos outros usos. Adolescentes levavam as namoradas lá para baixo para rapidamente engancharem as línguas e treparem de pé enquanto cheiradores de cola vadiavam nos cantos escuros, grunhindo uns para os outros como um bando de orangotangos, pois ficavam tão fora de si que já não conseguiam falar. A polícia sabia sobre o estacionamento e aparecia o tempo todo, altura em que os cheiradores de cola corriam em todas as direções, sempre com um ou mais sendo invariavelmente pegos e arrastados até em casa para serem humilhados diante de seus pais, sendo os sacos de batatas fritas vazios fedendo a cola apresentados como prova.

Alunos da City University nas proximidades costumavam invadir o estacionamento no final do período e roubar carros a fim de irem para casa passar as férias. Os moradores do conjunto não raro apareciam à procura de seu carro, apenas para descobrir uma mancha de óleo no chão onde o veículo tinha sido estacionado no dia anterior.

Naquela noite em particular, quando descemos ao estacionamento, David seguiu direto para uma fileira de carros reluzentes e pôs-se a examinar um belo Ford Cortina vermelho com acabamento em cromo. Eu ainda não sabia, mas David tinha a intenção de incendiá-lo. Não me perguntem o porquê – olhando para trás, por mais que me esforce, não consigo lembrar – mas quando David puxou uma caixa de fósforos, lançou-me um olhar e me pediu que reunisse alguns jornais velhos e lixo das latas, não discuti. Pensei que seria engraçado. Acho que éramos muito jovens ou muito idiotas para avaliar qual seria o resultado.

Juntos, começamos a enfiar todos os jornais e o lixo sob um modelo Cortina, então recuamos e David sussurrou:

– Vamos tacar fogo nele.

Acendi um fósforo e arremessei-o no papel. Nada aconteceu a princípio, portanto acendi mais alguns e atirei-os debaixo do carro. E justo naquele momento, quando as pequenas chamas começavam a cobrar vida, um carro da polícia parou e dois tiras enormes saltaram.

– Ei, vocês dois! – disse um deles. – Que brincadeira é essa? Vocês acenderam aquele fogo?

David e eu congelamos no lugar. Eu nunca tinha tido problemas sérios e ainda que estivesse acostumado a ver a polícia no conjunto habitacional, jamais imaginei que seria a mim que eles estariam procurando. Eu estava completamente apavorado. Antes que conseguíssemos reagir, os policiais tinham apagado as chamas e nos enfiado na traseira de seu carro panda.

– Vamos levar os dois para casa – disseram eles, e enquanto nos dirigíamos à saída, David salientou que eles não precisavam sair do conjunto, pois nosso apartamento ficava próximo ao estacionamento. David tinha esse tanto a mais de confiança que eu e não parecia nem de longe tão assustado. Eu estava ali sentado de olhos bem fechados, pensando em tudo que meus pais diriam e fariam. Na verdade, David então começou a rir na traseira do carro.

– Está rindo do quê? – perguntou um dos policiais, girando a cabeça e olhando para David.

– Dele – riu David, apontando para mim. – Ele cagou nas calças.

– Ah, não, cagou? – perguntou o policial, dando uma cafungada.

– Ah, droga, cagou. Bem feito!

Poucos minutos depois, encontrava-me no elevador do President House, com a sensação de estar sendo levado para a prisão, em lugar de estar voltando para casa.

Gerry ficou furioso ao ser acordado por dois policiais batendo à porta. Eu não deveria nem ter saído àquela hora da noite, muito menos tentar incendiar um carro. Para completar, estava fedendo e tremendo.

– Seu desgraçaaaado! – rosnou Gerry quando a "imundície", como ele chamava a polícia, havia partido. – Espere até sua mãe saber disso, seu desgraçaaado. – Ele me levou para o banheiro e pôs-se a me esfregar com força com nossa escova de banho, o tempo todo gritando e me xingando. Eu esperava um verdadeiro interrogatório por parte de minha mãe, mas quando chegou em casa mais tarde naquela noite e Gerry contou-lhe o que eu fizera, ela deu-me um bom tapa na orelha.

Fiquei sem escutar por pelo menos uma semana. A gritaria e os xingamentos duravam o dia inteiro até a hora de dormir e recomeçavam assim que eu acordava na manhã seguinte. Quando ficava trancado em meu quarto desenhando, ouvia Gerry e Dot queixando-se, com Malcolm, David e Jackie, que eu estava me tornando um fedelho mal-educado. Eles me defendiam como sempre, mas, infelizmente, pouco depois, voltei a decepcioná-los.

Certa noite, mais ou menos uma semana após minha desavença com a lei, senti-me morto de tédio e propenso a outro passeio pelos apartamentos. Achei que se não fosse longe e não fizesse nada estúpido como da última vez, ficaria bem. Gerry havia entornado alguns litros de sidra quando chegou em casa do pub e apagou como uma lâmpada, roncando mais alto que de costume. Passei por ele na ponta dos pés, abri a porta com o menor ruído possível, deixando-a apenas no trinco para poder tornar a entrar, e escapuli pela varanda. Estava vagando sem rumo pelos corredores e escadas, pensando no que fazer a seguir, quando dei de cara com dois garotos mais velhos, Terry e Derek. Deviam ter por volta de 13 ou 14 anos, vestiam camisetas rasgadas como os punks da época e ostentavam muita arrogância. Eu definitivamente sentia medo deles.

– O que você está fazendo fora de casa a essa hora da noite, John? – perguntou Terry.

– Meu pai apagou de tanto beber – respondi, sentindo-me muito adulto. – Estou dando uma volta, só isso. Deixei a porta no trinco.

Eles se entreolharam rapidamente.

– Bem, então é melhor a gente te levar para casa, não é? – perguntou Derek, insistindo em me acompanhar de volta ao apartamento. Aquilo me assustou. Preocupava-me que, depois da última vez, Gerry ficasse furioso ao saber que eu andava perambulando pelo prédio novamente.

– Vocês vão contar ao velho sacana o que eu estava fazendo? – perguntei.

– Não, claro que não, John. Só queremos te ver lá dentro são e salvo, não se preocupe.

Eles escancararam nossa porta da frente e entraram direto no apartamento comigo. Gerry continuava apagado, mas em vez de me levarem e deixarem lá, um deles começou a vasculhar o armário de bebidas na sala, enfiando no bolso uma garrafa de gim Gordon's, ao passo que o outro ajoelhou-se ao lado de Gerry e lhe extraiu sorrateiramente a carteira do bolso da calça. Permaneci calado em um canto os observando, incapaz de reagir. Queria gritar e acordar Gerry para dizer o que estava acontecendo, mas sabia que isso me entregaria.

Eles não devem ter demorado mais do que poucos minutos, mas justo quando estavam prestes a sair, um deles chocou-se com o guarda-louça, o que fez com que os copos lá dentro retinissem. Nesse instante, Gerry acordou. Abriu os olhos, viu os dois garotos e ergueu-se de um salto da poltrona, tentando pegar o mais próximo. Agarrou Terry pela manga, o suficiente apenas para mantê-lo no lugar enquanto Derek conseguia fugir sem olhar para trás. Com Terry em seu poder, Gerry nem mesmo falou – apenas o olhou de alto a baixo e deu-lhe um bom e forte tapa no queixo, então lhe disse que caísse fora. Ouvi o boato de que, poucos dias depois, meu irmão Malcolm havia encontrado Derek e lhe conferido o mesmo tratamento. Não houve retaliação por parte dos pais de Terry e Derek – era como as crianças eram tratadas na época. Se faziam alguma coisa errada, recebiam seu castigo e não se queixavam.

Era óbvio que eu estava outra vez malvisto, justa e corretamente, mas dessa vez ao menos a culpa não era só minha, pois os dois garotos mais velhos estavam muito mais encrencados que eu. Ainda assim, Gerry não afrouxou e gritou comigo a noite inteira, chamando-me de idiota por andar com aquela escória. Tentei explicar que a situação não era essa, mas ele não aceitou. Olhando para trás, percebi uma mudança na forma como Gerry passou a me ver desse momento em diante. Mesmo que ainda fosse muito novo, acho que ele concluiu que eu nunca mais voltaria a ser totalmente confiável.

Iniciei a escola primária Morland por volta dessa época. Ela ficava em frente à fábrica de gim Gordon's na rua Goswell, na calçada contrária ao nosso prédio. Quando Dot lavava louça na pia da cozinha, via o pátio de recreio, o que mais tarde viria a ser uma faca de dois gumes. Eu era uma criança rechonchuda, graças a todas as batatas fritas e doces que me permitiam comer e ao fato de passar muito tempo em casa, confinado em meu quarto desenhando ou deitado diante da TV. Eu nunca reparara, mas quando entrei para a escola, meu peso de repente começou a se tornar um verdadeiro problema. Minha mãe e Jackie eram magras, mas Gerry era um homem pesado e alguns outros membros de minha família eram o que se poderia caridosamente chamar de "bem-constituídos". Sempre fiz parte do lado grande, mas em casa nunca me preocupei com meu tamanho nem me senti o elemento discrepante. Agora era diferente. Comparado a todas as crianças de cinco e seis anos normais em minha turma, eu era enorme e comecei a me sentir pouco à vontade com meu peso. Ao voltar da escola, perguntava a minha mãe se me achava gordo, mas ela descartava a pergunta com uma risada e, com uma ponta de orgulho, dizia que eu era apenas um "menino em crescimento".

As crianças na escola logo encontraram outras formas de me descrever. Tornei-me conhecido como o "garoto gordo", Billy Bunter ou Fatty Arbuckle – qualquer personagem de desenho animado ou cômico do qual ouviam falar. Giant Haystacks e Big Daddy eram outros nomes que me lançavam e que fervilhavam em minha mente sempre que eu assistia à luta livre nas manhãs de sábado.

O bullying logo se tornou implacável e comecei a detestar a escola por causa disso. As aulas com jogos esportivos eram sempre um suplício, pois eu sofria igualmente de asma. Ficava sem fôlego após dois minutos de exercício, botando os bofes para fora como um velho que fumava quarenta cigarros por dia. Mesmo que aquilo estivesse de fato me afetando, eu não contava a ninguém, nem na escola nem em casa, quão perverso era o bullying. Nos anos 1970, não havia tanto aconselhamento e cuidados quanto hoje em dia; como disse, a pessoa simplesmente seguia em frente.

Obviamente, Dot via o quanto eu estava gordo e sabia que eu tinha minhas preocupações com a gordura, mas ainda assim não me impedia de comer o que queria, quando queria. Sempre me dava dinheiro para o lanche da tarde, que consistia de um pacote de batatas fritas ou um saco de balas, mesmo após ter comido um imenso prato de costeletas com purê de batatas e um punhado de biscoitos recheados no almoço.

Acho que um dos motivos disso era minha mãe e meu pai serem ambos filhos da guerra, nascidos a poucos meses um do outro em 1939. Eles lembravam-se da época do racionamento e, como muitas pessoas de sua geração, consideravam uma gentileza oferecer aos filhos guloseimas sempre que podiam. Ninguém fazia dieta na época e acho que Dot pensava que minha gordura de criança desapareceria naturalmente quando eu ficasse mais velho e mais alto.

"Não se preocupe, ele é só uma criança. Vai crescer e vai sair disso" foi uma explicação que ouvi muito nessa idade. Era o que os pais se diziam o tempo todo em nosso condomínio. Era uma pena isso nem sempre ser verdade.

Fora da escola, eu passava cada vez mais tempo explorando o conjunto habitacional. Os personagens e acontecimentos ao redor de Turnpike House fascinavam-me e era sempre educativo caminhar pelo parque King Square e as ruas em torno dos prédios. Na época, os pais davam muito mais rédea aos filhos. Não havia a preocupação que existe hoje, de as crianças toparem com estranhos; tendíamos apenas a rir das esquisitices, em vez de nos assustarmos com elas e havia um monte de personagens para proporcionar diversão.

Quem saísse no início da noite, tinha a oportunidade de ver a velha Nelly deixando o pub aos trancos, cantando em voz alta baladas de guerra e as músicas preferidas das casas de espetáculos. Nelly era uma solteirona velha que não gostava de homens, mas adorava uma birita.

– É um longo caminho até Tipperary... – berrava ela. – É um longo caminho...

Então, de repente, a cantoria era abafada pelo ruído de vidro quebrado quando um dos moradores do prédio punha-se a atirar garrafas de vinho da varanda.

– Ei, abaixa o tom! Toma isso! – ouvia-se, seguido de um ESTRONDO.

Por algum motivo, via de regra, as garrafas estavam cheias de cristais de banho coloridos, e Nelly sempre parecia evitá-las como que por milagre, sem perder o ritmo.

– Adeus, Piccadilly, adeus, Leicester Square...

ESTRONDO!

– É um longo caminho até Tipperary...

ESTRONDO!

– Mas é lá que está meu CORAÇÃO!

ESTRONDO! ESTRONDO! ESTRONDO!

O velho Joe Curran também fazia parte da paisagem. Ele era um judeu idoso que contava a todos que servira como marinheiro em uma famosa batalha da Segunda Guerra Mundial, embora nunca dissesse qual. Circulava em uma bicicleta vistosa e, por vezes, em geral antes de eleições, era possível encontrar o velho Joe na rua Goswell com um alto-falante e um cartaz político, gritando slogans.

– Vote no Partido Trabalhista! – gritava uma semana. Na seguinte, seria: – Apoie a Frente Nacional! – ou – Margaret Tatcher para primeira-ministra!

Também fazia referências aleatórias ao que acontecia no país na época. Recordo-o de insistir nas badernas do Carnaval de Notting Hill de um só fôlego e então na demissão de Harold Wilson no seguinte, como se fizessem parte da mesma história. Nunca tive certeza, mas com base nos olhares divertidos que todas as pessoas mais velhas lançavam, acho que ele nunca fez muito sentido.

O velho Joe era igualmente notório por outras coisas. Atacava as latas de lixo e enchia os ouvidos das pessoas falando das coisas maravilhosas que havia encontrado. Podia ser um disco do Sex Pistols com um arranhão que ele se achava capaz de consertar, ou um liquidificador quebrado cujas peças usaria para restaurar meia dúzia de outras coisas.

A velha Nelly e sua cantilena enquanto choviam garrafas.

Joe possuía uma série de cães e elogiava cada um deles. Sabe Deus onde os encontrava – eram provavelmente vira-latas e sempre novos –, mas quando chegavam a certa idade e Joe estava farto, livrava-se deles como se fossem pedaços inúteis de sucata que havia encontrado no lixo. Levava o cão, de ônibus ou de trem, até Wanstead, bem longe de East London, soltava a guia e lá deixava o animal. Por que Wanstead? Não sei – tudo que eu sabia era que Joe o deixava a cerca de quarenta quilômetros de distância e esperava que o cão não encontrasse o caminho de casa. Se, por algum milagre, o pobre do cão descobrisse como voltar ao condomínio, o boato entre as crianças era de que o velho Joe o matava. Realmente terrível quando olho para trás agora. Sempre gostei dos cães que víamos pelo condomínio e a história de Joe Curran perturbava-me demais. Nunca consegui entender o que ele fazia, especialmente por parecer um velho inofensivo no restante do tempo.

Afeiçoei-me a um alsaciano preto chamado Max, lendário em Islington. Não sei se o animal tinha dono, mas era sempre possível vê-lo correndo em torno dos prédios, subindo e descendo as escadas e percorrendo o parque com uma fila de crianças do bairro atrás. Era um cão cheio de vida e bonito, mas costumava perambular com um vira-lata marrom e branco imundo chamado Uísque, não muito popular. Ninguém lhe prestava atenção e as crianças maiores chutavam-no para afastá-lo. Ele era nervoso por causa disso; sempre senti pena dele e me certificava de fazer um pouco de festa quando podia, prendendo-o em um grande abraço e coçando-lhe a cabeça como faço agora com George. Um dia, tanto Max quanto Uísque conseguiram ser atropelados por carros em alta velocidade em uma rua movimentada perto da Old, notícia que realmente me chateou. Eu adorava correr pela vizinhança com aqueles cães. Não sei se Gerry sentiu pena de mim ou se foi por eu não parar de falar naquilo, mas pouco depois conseguimos um pequeno vira-lata preto chamado Butch.

Eu tinha quase dez anos quando Butch [Machão] chegou e tornou-se, mais ou menos instantaneamente, *meu* cachorro, por ser eu o único a estar sempre por perto, a levá-lo para passear e a brincar com ele em casa. Não demorou muito para que começasse a treinar Butch e lhe ensinar alguns truques: sentar, ajoelhar e deitar – coisas básicas, na verdade, mas ainda assim muito divertidas. Ele era um cão engraçado em todos os sentidos. Para começar, não era exatamente um machão! Acho que quem quer que lhe tenha dado esse nome estava fazendo uma bela piada. Ele era um cãozinho assustado, delicado, mas se alguém colocasse o punho cerrado debaixo de seu nariz, mostrava os dentes e rosnava. O melhor com Butch era levá-lo para passear. Nos finais de semana, ou durante as férias escolares, eu costumava acordar bem cedo, tomar um café rápido e passar a manhã inteira passeando com ele pela Square Mile ou pelos arredores do Barbican, que ainda era bem novo na época. Ele era um cãozinho lindo e as pessoas se aproximavam de nós, davam-lhe um tapinha na cabeça e o elogiavam. Sempre que estava passeando com Butch, eu não pensava em nada a não ser aonde iríamos a seguir. O bullying no colégio, a preocupação pelo fato de ser gordo ou o último problema que tinha tido com minha mãe e meu pai me saíam da cabeça. O mundo era minha concha e as ruas de Londres eram pavimentadas em ouro; era exatamente assim que eu me sentia quando menino e passeava com meu cão.

Capítulo quatro

Quando eu era mais novo, as coisas eram mais simples, mais felizes, sem levar em conta a escola. Éramos certamente pobres e morávamos em um imenso conjunto da habitação social, mas quando o sol brilhava, não havia lugar melhor. Na época, adorava quando o caminhão do município parava perto de nosso prédio. Conduzido por duas garotas grandes e mais velhas, o caminhão estacionava na grama em King Square e as crianças de todos os prédios enxameavam ao seu redor como gafanhotos. As duas mulheres arriavam as laterais, revelando cordas de escalada e formas plásticas trinchadas nas laterais da van, o que fazia com que se assemelhasse a uma imensa caixa de encaixes para bebês. Ao lado da van, instalavam um colchão inflável enorme, cuja escalada exigia um esforço gigantesco. Tinha o tamanho de dois ônibus de dois andares e era preciso ser uma criança forte para subir e não perder o equilíbrio, mas, uma vez lá no alto, era possível saltar até o céu. Não recebíamos a visita dos parques de diversões locais, mas não era necessário; aquela era nossa versão de um castelo inflável.

Pouco depois que o caminhão chegava, ouvíamos ao longe o som do sino da van do sorvete. À medida que se aproximava, todas as crianças saltavam do caminhão, corriam até as mães e pediam dinheiro para comprar um Rocket ou um Fab. Outras crianças olhavam para o alto dos prédios Turnpike House ou President House e gritavam em direção às diversas janelas, tentando chamar a atenção da mãe.

Eu não era diferente e certa vez pedi a meu irmão David, que estava tomando banho de sol na grama, dinheiro para um Mr. Whippy.

– Aqueles que pedem não obtêm e os que não pedem não querem – foi a resposta.

Fiquei ali parado, confuso, tentando assimilar o que ele havia acabado de dizer. É óbvio que não ganhei sorvete nesse dia; só me sentei em um banco, vendo as outras crianças devorarem o seu e coçando a cabeça, tentando descobrir o que ele quis dizer.

Em outros dias, todas as crianças brincavam juntas de soldado. Alguém tinha a chave do bicicletário de um dos outros conjuntos, então entrávamos e fingíamos que um de nós era o suboficial enquanto os outros tinham de marchar e cumprir ordens no bicicletário. Também nos sentávamos e ouvíamos um rádio portátil, cantando junto quando tocava nossas músicas preferidas, como "Video Killed the Radio Star", dos Buggles.

Por sessenta pence era possível comprar um bilhete rodoviário diário na loja de doces, para ser usado em qualquer ônibus. Embarcávamos na traseira do velho Routemaster de dois andares e acabávamos a quilômetros de distância, em nossa própria excursão por Londres, visitando locais como as Masmorras, o navio-museu *HMS Belfast* e o Royal Festival Hall no rio Tâmisa.

Se a nossa mesada acabasse, brincávamos de Tin-Can Tommy, uma mescla de pega-pega e esconde-esconde. Eu geralmente me esforçava para acompanhar as outras crianças, pois não era preciso muito para me deixar sem fôlego, devido ao meu peso e à asma. Mesmo com o tanto que corria na época, continuava a ter rolos de gordura na cintura e queixo duplo, se não triplo. Vinha carregando mais de 80 quilos com nove anos de idade, o que era alarmante, considerando-se que media apenas 1,20 metro. No entanto, eu não me ajudava: quanto mais bullying sofria no colégio, mais gordo ficava, comendo batatas fritas, doces, sorvetes e pacotes de salgadinhos, qualquer coisa que conseguisse pegar. Um dia, quando fingia estar doente para escapar da escola, ouvi um tumulto do lado de fora e fui até a janela do apartamento para ver o que estava acontecendo. Havia uma equipe de filmagem no alto de Turnpike House, filmando o clipe de "Another Brick in the Wall", do Pink Floyd. Fiquei ali sentado, assistindo a todas as filmagens, com a sensação de fazer parte do vídeo. Fingi ser o grande astro no set de um filme de Hollywood. É claro que, desde então, assisti várias vezes ao clipe na TV e seu significado sempre me comove. Eu era uma daquelas crianças sobre as quais Roger Waters estava cantando: a escola para mim era o paredão.

Olhando para trás e vendo o que aconteceu em minha vida, acho que posso dizer que eu não era material escolar.

A matemática e o inglês me eram completamente estranhos e geografia e história me deixavam morto de tédio. A única matéria em que já demonstrei alguma habilidade foi arte. Era a única aula que eu entendia sem o professor ter de explicar várias vezes. Aquilo me vinha de forma muito natural e eu parecia saber desenhar como que por instinto. É evidente que o fato de ter passado algum tempo copiando meus gibis ajudou, mas, ainda assim, achava que desenhar formas e imagens era algo que fazia sem nem mesmo pensar. Eu rabiscava o tempo inteiro nas aulas mais chatas e sempre tinha um lápis ou uma caneta hidrográfica em atividade, desenhando tudo o que me vinha à mente, fosse o rosto de alguém, um rápido retrato de Butch ou qualquer outra coisa que me chamasse a atenção naquele dia.

No decorrer desse ano escolar, meu irmão David percebeu o quanto eu estava lutando com minha aparência. Pegou-me olhando para o espelho e apertando a barriga para parecer mais magro. Nada disse na ocasião, mas um dia foi me buscar depois da escola. Antes que eu conseguisse dizer alguma coisa, adiantou-se e anunciou:

– Estou sabendo do bullying, John, e sei que deve ser muito difícil. Vou levar você até o clube, onde você vai aprender a lutar boxe.

David explicou que isso me ajudaria a lidar com os valentões, que assim que estes descobrissem que eu era um boxeador, tenderiam a me importunar menos. Por pouco não chorei – senti-me realmente protegido por ter meu irmão mais velho cuidando de mim.

Ainda assim, recordo-me de ter entrado no clube pela primeira vez e ter me sentido muito assustado. Tudo parecia imenso e desolador sob a luz hostil dos refletores. O ringue de boxe ficava no meio do pavimento e dois sujeitos enormes esmurravam um ao outro. A outra coisa de que me lembro é do som: o baque profundo e abafado dos murros chegando. David entregou-me um short de ginástica e uma camiseta e me passou um aquecimento difícil, no qual eu tinha de saltar, correr e fazer polichinelos e abdominais. Fiquei muito constrangido por estar me expondo diante dele, com minha barriguinha gorda saltando para fora de vez em quando, mas após certo tempo entrei no clima e comecei a aprender, primeiro

Eu quando menino, lutando boxe.

em um saco de pancadas macio, depois em um duro, a mover os pés. Aquilo era trabalho árduo e eu bafejava e ofegava, mas persisti. David havia me explicado o quanto o trabalho dos pés era importante e concentrei-me bastante, ouvindo cada palavra do treinador.

– É isso, meu filho, você está dançando com os socos! Está deslizando como uma borboleta!

Isso realmente me motivou. Depois de treinar duas vezes por semana durante um mês, estava pronto para o ringue. Eu me equiparava a crianças quatro ou cinco anos mais velhas, pois elas eram agrupadas por peso, não por idade, e só adolescentes pesavam cerca de 80 quilos como eu! Eu me defendia e, a cada luta, sentia minha confiança crescer. Em pouco tempo, já sonhava com entrar no pátio de recreio, parecendo Sylvester Stallone em *Rocky*, e arrebentar todas as crianças que haviam me atormentado. Só imaginar já era o suficiente para fazer com que eu me sentisse melhor. O bullying havia durado muito tempo, mas eu me sentia como se estivesse por fim dobrando uma esquina e tinha esperanças no futuro.

Capítulo cinco

Meus dias de treinamento no clube de boxe e de passeios pelo condomínio ainda são algumas das recordações mais felizes que trago comigo. A vida tinha uma rotina agradável e eu sentia que tudo corria bem. Estava ficando muito bom no boxe, meu trabalho de pés estava melhorando e percebia que meu peso havia começado a diminuir. Quando Dot viu que minhas roupas já não serviam, apenas sorriu para mim com sabedoria. Não se importou em ter de apertar minhas calças do uniforme e o fazia após seus longos turnos de limpeza. Acho que era eu o mais surpreso com minha própria transformação. Eu sabia que David estava orgulhoso e ele fazia um grande estardalhaço sempre que podia. Até mesmo Gerry, que era normalmente o mais reservado, havia começado a me chamar de "campeão".

– Filho, tenho uma coisa para te contar – disse meu pai certo dia.

Sua voz soou áspera e percebi de imediato que aquela não era apenas outra conversa a respeito de boxe, de gibis ou do mau comportamento de Butch no apartamento. Tampouco achei que ele estivesse prestes a me repreender. Não – por seu tom de voz, aquilo imediatamente me pareceu muito maior, e a única coisa que não consegui imaginar foi quão importantes e transformadoras seriam suas próximas palavras.

Eu o havia encontrado saindo do pub ao voltar da escola para casa e ele me levou até a banca de jornais na esquina, como por vezes fazia, para me comprar um gibi. Nessas raras ocasiões, sentávamos juntos no chão da sala, ele escolhia a ilustração que queria que eu copiasse e era o que eu fazia. Ele nunca dizia nada enquanto eu estava desenhando. Para ele, bastava ver que eu havia herdado parte de seu talento para a arte.

No caminho para a banca de jornal, ele em geral me perguntava alguma coisa sobre que revista em quadrinhos eu estava pensando em comprar. Eu andava realmente empolgado com os quadrinhos do Juiz Dredd e preparado para a pergunta. Dessa vez, porém, ele estava muito calado, e deixou o "tenho uma coisa para te contar" pairando no ar por longo tempo.

– O quê, pai? O que é? O que você tem para me contar? – perguntei, caminhando ao seu lado, sem conseguir me conter.

– Desculpe, filho, eu cometi um erro. Você é jovem demais para entender. Vou contar quando você for mais velho – respondeu ele, voltando atrás.

Eu era um boxeador, um lutador – suficientemente grande e maduro para levar uma no queixo.

– Anda, pai! O que é? Você não pode me contar agora? Por favor, pai! Não é justo!

Ele balançou a cabeça e olhou para o chão.

– Não, filho, quando você for mais velho – repetiu, agora com mais firmeza. – Quando você for mais velho – repetiu, frisando as palavras. – Conto quando você for mais velho, tudo bem?

Não estava tudo bem, não para mim. Atormentei-o por todo o caminho através do condomínio, subindo as escadas e ao longo do corredor que conduzia a nosso apartamento.

– Vamos lá, pai, por favor! Pai, pai, pai, por favor! Conta logo essa merda.

Diante disso, ele parou e virou-se para olhar para mim. Pensei estar realmente em apuros, mas quando enfiou a chave na porta, ele disse com delicadeza:

– Tudo bem, filho, vou te contar.

Tive de esperar até termos entrado. Gritamos "oi" para minha mãe na cozinha enquanto cruzávamos a sala para nos dirigir ao quarto. Ele empurrou a porta e me pediu que sentasse a seu lado na cama. Em seguida, retirou o boné, colocando delicadamente o braço ao redor de meu ombro e me deu um leve aperto. Ele nunca fazia isso. Nunca demonstrava suas emoções ou dava sinais de afeto. Senti meu coração bater cada vez mais rápido. Tentei com todas as forças acalmar minha respiração, pois sabia que as notícias não seriam nada boas e precisava estar preparado. Meu pai respirou fundo e desferiu o tão temido golpe.

– Filho, é o seguinte. Você sabe que me chama de pai, e a sua mãe de mãe, certo? Bem, não existe jeito fácil de dizer isso, mas nós não somos seu pai e sua mãe de verdade. O que estou querendo dizer é que nós somos seus avós. Você está entendendo o que estou tentando dizer, John?

O tempo parou. Tudo que consegui fazer foi olhá-lo nos olhos, tentando com todas as forças não piscar. Eu queria mostrar que não sentia medo, mas não consegui evitar que meus olhos se enchessem de lágrimas. Ouvia meu coração batendo nos ouvidos. Por que ele estava inventando aquilo? O que eu havia feito para que ele dissesse aquilo? Como podia dizer que não era meu pai?

– Não é verdade – respondi depois do que pareceram horas. – Você está mentindo! Não pode ser verdade... pode, pai?

– Desconfio que sim, John, e sinto muito por você ter que descobrir agora, desse jeito. Mas não precisa se preocupar com isso. Não vai ser diferente. Isso não muda nada. Continuamos a amar você da mesma maneira. Na verdade, amamos ainda mais, por você ser muito mais precioso para nós.

Aquilo me acertou em cheio na boca do estômago e compreendi que tinha de ser verdade.

Eu estava chocado demais para fazer perguntas e nem sequer me ocorreu perguntar ou tentar descobrir quem eram meus verdadeiros pais. Eu estava muito preocupado com quem eles não eram.

Gerry continuou a falar enquanto eu soluçava e cuspia muco por toda a camisa do uniforme. Meus ombros lançavam-se para cima e para baixo sob o peso de seu braço e eu não conseguia me controlar. Estava arrasado.

– Lembra da tia Marilyn? – ouvi-o perguntar enquanto tentava lhe ouvir as palavras.

Assenti com um movimento de cabeça. Claro que eu lembrava da tia Marilyn. Não a via muito, mas ela era minha irmã, não era?

– Bem, a tia Marilyn é sua mãe – disse ele calmamente, como se fosse a coisa mais natural.

Eu estava completamente transtornado, chorando incontrolavelmente, as lágrimas escorrendo por meu rosto enquanto tentava me acalmar, sem conseguir.

– Não, não é verdade, pai. Não pode ser. Você é meu pai.

Marilyn era filha de Gerry, portanto tinha de ser minha irmã, não tinha? Tinha de ser! Eu estava confuso.

– Desculpe, rapaz, mas é verdade. Mas como eu disse, isso não muda absolutamente nada. Você é e sempre vai ser meu filho mais novo.

Uma imagem de Marilyn me veio à cabeça. Vi seu rosto redondo e sorridente, os cabelos negros curtos e as sobrancelhas finas e torneadas. Ela arrancava as sobrancelhas até deixá-las bem finas, pois era a moda no início dos anos 1980, mas sempre achei estranho alguém arrancar os próprios pelos. Eu me parecia um pouco com ela? Eu não sabia; não conseguia de modo algum pensar direito. Mal recordava a última vez que a tinha visto.

O que quer que ela fosse – tia, irmã ou mãe – eu realmente não a conhecia, não mesmo. E naquele momento, não me interessava. Para mim, ela era alguém que entrava e saía do apartamento, alguém que me haviam dito para chamar de "tia Marilyn". Ela não demonstrava nenhuma atenção ou afeto especial e sequer havia comparecido a todos os meus aniversários ou Natais. Às vezes, eu achava que ela nem mesmo notava que eu estava presente.

– Eu preciso voltar? – perguntei ofegante, sem saber para onde deveria "voltar", pois nunca havia ido à casa de Marilyn. Sabia que ela havia morado em outra parte de Londres com a mãe na maior parte do tempo quando eu era mais novo, mas não fazia ideia de onde morava agora. Eu estava com quase dez anos, portanto ela devia ter cerca de vinte e seis. Tinha toda uma vida alheia a nossa família imediata, a respeito da qual eu nada sabia.

– Não, você é feliz aqui. Sua mãe te ama, mas é claro que você não precisa voltar.

Dot surgiu na porta, ou talvez tenha estado ali o tempo todo, eu não sabia ao certo. Seu cabelo louro ondulado caía por sobre os ombros, e lembro de ter pensado que ela não parecia avó. Dot não era velha e frágil. Trazia um avental florido ao redor da cintura e vestia um cardigã comprido e largo como sempre, mas não parecia avó; parecia apenas mãe. Minha mãe.

– Gerry! O que você está fazendo?

– Alguém ia ter que contar um dia.

– É, eu sei. Mas por que hoje? E por que não contar na minha companhia? Nós não conversamos sobre isso.

Não acho que Gerry soubesse a resposta a tais perguntas. Tudo que sabia era que o segredo tinha vindo à tona. Marilyn era filha dele, e acho que ele achava que, no final das contas, era sua a responsabilidade de contar a verdade. Sua casa, suas regras. Continuei a chorar e Gerry manteve o braço ao meu redor enquanto me contava mais e mais.

Não recordo exatamente quando ou em que ordem recebi novas informações, mas foi isso o que por fim me contaram a respeito de como vim ao mundo.

Marilyn estava sempre se mudando entre a casa de Gerry e Dot e a casa de sua mãe verdadeira e, a certa altura, aos 16 anos, fugiu, ou pelo menos Gerry não a viu por três meses. Quando por fim apareceu, tinha um barrigão e estava com cerca de sete meses de gravidez.

Seu namorado na época era um cara chamado Jimmy Dolan. O nome me soou familiar e dei-me conta de que era um sujeito que eu havia visto algumas vezes no apartamento. Na realidade, nunca soube por que ele ia até lá ou de quem era amigo na família; ele era só um cara chamado Jimmy, que a família inteira parecia conhecer e, pelo que me lembro, nunca parecia receber muito bem. Acho que me disseram para chamá-lo de "tio Jimmy", mas eu sabia que ele não era meu tio de verdade porque, definitivamente, não era recebido de braços abertos.

Gerry contou-me que Marilyn não quis se casar com Jimmy e era muito jovem para criar o bebê sozinha. Eles concordaram que ela teria o bebê e o daria para adoção. Ela me teve no Hackney General, e Gerry fez questão de dizer que Marilyn deu uma olhada em mim e se apaixonou, mesmo que eu fosse o bebê mais escandaloso na ala!

– De jeito nenhum você seria dado para adoção, John, de jeito nenhum. Foi por isso que sua mãe e eu pegamos você – disse Gerry. – Nenhum de nós queria te deixar ir.

Eu nunca havia questionado por que motivo era a única pessoa na família com o sobrenome Dolan. Fico surpreso quando penso nisso agora, embora ache que era apenas novo demais para pensar muito a respeito. Imagino que fosse só uma questão de tempo até eu começar a fazer perguntas estranhas e talvez tenha sido isso o que fez com que Gerry contasse quando contou.

Tudo aquilo era demais para compreender. Meu pai era meu avô. A filha dele era minha mãe. Minha mãe era minha avó. E Malcolm e David? Eu pensava que eles fossem meus irmãos mais velhos. Mas e agora? Eles eram o quê? Meus tios? Decidi que aquilo não importava; eu não ia pensar neles como tios. Para mim, eles sempre seriam meus irmãos mais velhos e Jackie sempre seria minha irmã mais velha. Ninguém tiraria isso de mim.

Pelo que me lembro, tudo voltou ao normal imediatamente após a novidade ter surgido porque era o que eu queria que acontecesse. Não conversei sobre isso com ninguém, ninguém me disse nada e tentei esquecer o assunto.

"Não faz diferença. Isso não muda nada." Era o que Gerry havia dito e desejava que ele estivesse certo. Sempre que sentia uma sensação estranha no estômago, eu ficava repetindo essas palavras até me sentir melhor.

Eu ainda passeava com Butch, ainda ia ao boxe, ainda sofria bullying no colégio, ainda jantava na mesma mesa e dormia no mesmo quarto.

"Lá vem meu irmão!", dizia eu com orgulho quando via Malcolm ou David entrando no President House. "Minha irmã Jackie está de babá esta noite porque meu pai e minha mãe vão sair", explicava a meus amigos. Nada havia mudado, eu era absolutamente inflexível quanto a isso. Ouvi Gerry dizer a Marilyn por telefone certo dia que ele havia me contado tudo.

– Tive que contar – disse Gerry em tom severo.

Não vi Marilyn por cerca de cinco ou seis meses depois disso, o que não era incomum. Quando por fim apareceu no apartamento, recusei-me a vê-la de modo diferente e ela não agiu de outra forma. Continuei a chamá-la de tia Marilyn e ela nunca me disse nada sobre o passado, nunca. Fiquei satisfeito com isso, mas infelizmente havia outra virada à espera na esquina.

Acho que não muito depois disso, Gerry aproximou-se com o mesmo rosto sério do dia com que me sentou naquela cama e lançou outra bomba. Meu estômago recomeçou imediatamente a revirar.

– Filho, tem outra coisa que você precisa saber.

– O quê? – perguntei com nervosismo. Eu queria colocar minhas mãos sobre sua boca e impedir que as palavras saíssem. Em vez disso, mantive a boca fechada e fiquei ali sentado ouvindo, morto de medo.

– Quero contar a você a nossa verdade, filho – disse Gerry. – Não quero você ouvindo fofocas.

Um dos vizinhos havia falado e o próximo esqueleto da família estava prestes a sair do armário. Ele respirou fundo, colocou o braço em torno de meus ombros, assim como no dia em que havia me contado o último segredo. Jackie, minha irmã mais velha, também era adotada. Aguardei cada palavra, os olhos parecendo pires à medida que ele me contava a história de Jackie e, de forma cruel, senti-me aliviado por não ser o único.

Como Gerry havia dito, não importava; aquilo não mudava nada. Eu sabia a verdade agora e aquela era só outra história da família para ser guardada e esquecida o mais depressa possível. Para mim, Jackie era e continua a ser minha irmã mais velha.

Tudo havia voltado ao normal, foi o que eu disse a mim mesmo no dia seguinte e no seguinte, até acreditar completamente naquilo.

Capítulo seis

Não muito depois de Gerry ter me contado os segredos da família, tive a brilhante ideia de desistir do colégio. Se alguém me perguntasse na época por que fiz isso, provavelmente teria dito: "Estou cansado do bullying. Não aguento mais." O bullying ainda *estava* bem ruim, essa parte era uma realidade, mas olhando para trás agora, tenho certeza de que descobrir a verdade sobre minha família me impactou de formas que apenas começo a entender. Passei muito tempo negando a verdade e ainda mais tempo fugindo dela – e fugir da escola era o mais fácil. Eu continuava muito gordo e comendo como nunca e parecia tornar a ganhar todo o peso que perdia no clube de boxe. Passava semanas sem ir ao clube e me empanturrava todos os dias, portanto, não era de admirar que não me transformasse em Rocky da noite para o dia. As crianças da escola tampouco me deixavam esquecer isso.

Matar aula parecia a solução ideal: se eu não estivesse na escola e não sofresse o bullying, todos os meus problemas estariam resolvidos.

Nenhuma outra criança da minha idade matava aula. Acho que era inédito o fato de uma criança da escola primária matar aula, mas eu tinha tudo planejado. Dot e Gerry estavam ambos no trabalho durante o dia e Jackie estava fazendo faculdade na época. Eu tinha idade suficiente para ir sozinho para a escola, então era fácil não dar as caras.

Eu saía de casa de uniforme às dez para as nove como sempre, certificando-me de me despedir adequadamente de Butch, mas em vez de descer as escadas e atravessar a rua para ir ao colégio, subia ao último andar do President House. Olhando para ambos os lados por sobre cada ombro, imaginando-me algum personagem sagaz que havia visto em *Starsky & Hutch* ou *Carro Comando*, eu disparava pelo passadiço que conduzia ao telhado, sabendo que ninguém me encontraria ali.

O telhado era onde os garotos mais velhos fumavam um baseado esperto à noite, mas durante o dia em geral ficava deserto. Quando chegava lá em cima, eu me enroscava, pousava a cabeça na mochila da escola e dormia o tanto que podia, ou pegava minhas canetas e lápis e começava a desenhar preguiçosamente à medida que as nuvens se transformavam. Fazia a mesma coisa dia após dia. O frio não me incomodava; aquilo não era o colégio e isso era tudo o que me importava. O problema era que, por mais que adorasse estar longe da escola e sozinho no telhado, não conseguia afastar o tédio, então comecei a procurar coisas que me mantivessem ocupado.

Eu reparara que o leiteiro fazia as entregas por volta das nove e meia todas as manhãs e que deixava pelo menos uma garrafa de leite diante de cada porta. Um dia, após passar mais ou menos uma hora relaxando no telhado, tornei a descer, comecei a recolher todas as garrafas e a atirá-las pela lateral do edifício. Não vi onde as garrafas estavam caindo, mas podia ouvi-las quebrando nas varandas e de encontro aos para-brisas dos carros estacionados lá embaixo. Era como se eu estivesse em transe, simplesmente fazendo o que bem entendesse. Ouvi algumas pessoas saírem dos apartamentos e começarem a gritar, mas apenas as ignorei e continuei. Ninguém tinha me visto e, de qualquer forma, eu não dava a mínima para o que pensavam. E então, de repente, ouvi a voz de David; aquilo me trouxe de volta à realidade.

– John, é você? John! É melhor não ser você, seu desgraçado!

Ouvi os passos pesados de David na escada e sua voz ficando cada vez mais alta.

– John, está escutando?! Onde você está? John? É você?!

Eu não tinha onde me esconder, então disfarcei a voz da melhor maneira possível, na tentativa de fingir que estava tendo uma conversa com um amigo.

– Vem cá, John, vem ajudar – gritei, com a voz mais grave que consegui emitir. – Me ajuda a jogar essas garrafas, John. Vem cá!

– Não! Para com isso, para com isso – retruquei em minha própria voz, mais aguda, que tentei fazer com que soasse o mais inocente possível. – Não! Não vou fazer isso. Para com isso, para!

De forma absurda, continuei a atirar as garrafas pela lateral enquanto prosseguia com minha atuação, e só parei quando ouvi David prestes a surgir.

– Dá para acreditar no que esse maluco fez? – perguntei com voz indignada, olhando para trás e para baixo em direção a uma varanda vazia. – E agora se mandou!

– Do que você está falando, John? – gritou David. – Você é o único maluco por aqui e, além disso, é mentiroso. Venha aqui agora!

David agarrou com uma das mãos gigantescas a parte de trás da gola de meu casaco e me ergueu do chão com um puxão antes de me arrastar de volta ao apartamento, onde Dot aguardava para me dar uma surra respeitável.

– Não sei por que ele está saindo dos trilhos desse jeito – soluçou ela, dirigindo-se a David depois de ter me dado umas palmadas na bunda. – Não sei o que fazer com ele.

Quando Gerry chegou em casa naquela noite, Dot denunciou minhas faltas na escola e o episódio com as garrafas de leite e ele explodiu de raiva. Não conseguia acreditar no que eu estava me transformando. Não quis perguntar o motivo, apenas se certificar de que aquilo não tornaria a acontecer.

– Seu gordo filho da mãe – gritou várias vezes, completamente furioso. – Não se ATREVA a fazer outra proeza dessas. Está ouvindo? VOCÊ ESTÁ ME OUVINDO?

– Desculpe, pai. Eu sinto muito mesmo. Não sei por que fiz isso.

– Porque você é um sacana, é esse o motivo. Se fizer outra vez, você sabe onde fica a porta da rua.

Por mais que eu já tivesse me comportado mal ao ser pego pela polícia ou ter deixado os dois garotos entrarem no apartamento, ele nunca havia me ameaçado com a porta da rua. O que disse a seguir ainda ecoa em minha cabeça.

– Você ultrapassou os limites dessa vez. Se criar mais problemas, pode ir morar com Jimmy Dolan, está ouvindo? Com Jimmy Dolan ou num orfanato. Não me interessa onde.

Foi a primeira vez que ele ameaçou me despachar para ir morar com Jimmy Dolan e aquilo me arrasou. Mesmo que eu soubesse que Jimmy Dolan era meu pai biológico, Jimmy continuava a ser praticamente um desconhecido para mim, e a ideia de morar com ele me encheu de tal horror que quase vomitei. Eu havia repetido a mim mesmo tantas vezes que nada havia mudado na família, que acho que quase acreditei; ainda assim, ali estava Gerry, o homem que sempre considerei meu pai verdadeiro, dizendo que ficaria feliz em me ver longe dali. A porta da rua nunca mais se fechou completamente depois disso.

Tenho de dizer que a ameaça deu resultado e comecei a me comportar bem melhor por algum tempo, retomando um comportamento decente, conservando a cabeça baixa e me mantendo o mais longe possível de problemas. O bullying continuou, mas tentei não deixar que me incomodasse tanto. No final do curso primário, fui para a Central Foundation Boys' School, próxima à rotatória da Old Street. Era um colégio grande para uma área decadente, com cerca de quinhentos garotos dos 11 aos 18 anos de idade, e tinha a reputação de ser muito difícil. Eu tinha ouvido todo tipo de histórias assustadoras sobre os rapazes mais velhos que frequentavam o colégio e importunava Dot para que não me mandasse para lá.

– Você vai ficar bem, John – dizia ela. – Você é um rapaz grande e forte, não vai ter problemas.

Não acreditei nela e foi com os nervos à flor da pele que fui a pé para a escola no primeiro dia. Gostaria de ter levado Butch comigo para me proteger.

Arrastei os pés por todo o caminho até o colégio e passei a maior parte do primeiro dia desejando me tornar invisível e esperando não precisar ir ao banheiro, onde os garotos mais velhos ficavam. No meio da tarde, eu estava explodindo e tive de ir. Nunca vou esquecer o cheiro quando desci a longa escada espiralada até o bloco do banheiro no térreo, e não estou me referindo ao fedor dos mictórios. Nuvens de fumaça saíam por baixo da porta, e uma vez lá dentro, mal consegui enxergar dois passos a minha frente de tão densas que eram.

Tal como me haviam advertido, um bando de rapazes mais velhos, dez vezes mais assustadores que os garotos de meu condomínio, estava ali junto, fumando, xingando e procurando um pouco de diversão ou problemas, provavelmente ambos. Todos se viraram para olhar para mim e eu engoli em seco. Minha gravata com listras douradas ficou muito apertada no pescoço e senti um nó no estômago.

– Que barrigão que você tem aí! – gritou um dos rapazes. – Andou trabalhando nele o verão inteiro, não foi? Empacotando tortas? Como é que se chama aquele garoto gordo no seriado *Grange Hill*? Roland? É, é isso aí, vamos te chamar de Roly de agora em diante.

Senti meu rosto ficar vermelho vivo, mas, felizmente, todos só deram boas risadas, continuaram a fumar seus cigarros e me deixaram em paz. Alguns deles haviam contrabandeado garrafas de álcool, ao passo que outros enrolavam seus longos cigarros; mais tarde vim a descobrir, por experiência própria, que o cheiro potente não era produzido apenas por fumaça de cigarro, mas de maconha também. Naquele primeiro dia, entrei e saí dali o mais rápido possível, surpreso por não ter visto o interior de um vaso sanitário. Os rapazes provavelmente acharam que não conseguiriam virar de cabeça para baixo alguém do meu tamanho.

Levei algum tempo para me adaptar, o que desconfio que nunca consegui por completo. Nunca fui feito para o colégio. Tinha o mesmo problema de antes na maioria das aulas: falta de atenção e muito tempo passando a rabiscar. E mais uma vez, a única aula pela qual conseguia de fato me interessar era a de arte. O professor era um sujeito descontraído chamado sr. Glover, que sempre me deixava escolher o que queria fazer. Deixava-me em paz na carteira, traçando meus rápidos desenhos a lápis, copiando as fotografias de carros ou de celebridades das revistas que ficavam empilhadas no fundo da sala. Era a única hora que eu me concentrava na escola. Ficava tão absorto no que quer que estivesse desenhando que o tempo voava e sempre me sobressaltava quando a campainha soava. O sr. Glover era um sujeito tão bom que não se importava em infringir algumas regras em meu benefício. Passei por sua sala a caminho da aula de geografia certo dia e decidi que preferia assistir à aula de arte, então lhe perguntei se poderia entrar.

– Claro que pode, John, desde que fique sentado em silêncio. Tem um lugar livre lá atrás.

Independentemente de estar lecionando para o terceiro, quarto ou mesmo o quinto ano, desse dia em diante, ele sempre me permitia entrar na sala e nunca perguntava que outra aula eu estava perdendo ou da qual havia sido expulso.

Ele foi o único professor que alguma vez elogiou meu trabalho e me segurava após a aula certos dias e perguntava o que eu pretendia fazer quando crescesse. Na época, não fazia ideia e desconversava, mas só pelo fato de perguntar, ele me fez perceber que eu tinha competência para fazer alguma coisa, que talvez possuísse um dom que poderia usar. Foi a primeira vez que algum professor demonstrou interesse no que eu estava fazendo.

Em casa, eu continuava a desenhar muito para não ficar entediado, mas não com a frequência de quando era mais novo. Gerry havia deixado de me comprar gibis; acho que eu já estava velho demais para isso e ele disse que eu não merecia mimos especiais, não da forma como estava me comportando.

Em sua maioria, eram apenas rabiscos, cópias e desenhos rápidos do que quer que chamasse atenção; e na realidade, eu nunca terminava o que começava. Essa era a história de minha vida. Eu levaria 25 anos para aprender a concluir um de meus desenhos. Acredite se quiser, mas o desenho que conseguiu isso foi um esboço de meu George, e foi o primeiro trabalho que vendi.

Copiando quadrinhos quando criança.
Eu mergulhava em meu próprio mundo.

Capítulo sete

Quero contar um pouco mais a respeito de George. Ele está um chato, andando ao redor de minha mesa enquanto escrevo.

– Vai deitar! – não paro de dizer. – Me dê um pouco de paz e sossego, certo?

Ele sentou na cadeira de couro do estúdio de arte de Griff na rua Rivington em Shoreditch, cabeça baixa, olhando para mim por sobre o focinho. "Também está se achando um escritor agora, não é?", dá a entender a expressão do descarado.

– Por acaso, estou. Agora vira o pescoço e vai dormir.

Cheguei a contar que havia ido ao parque com George na primeira manhã após tê-lo adotado, apenas para perceber que tinha nas mãos um animal grande e vigoroso, que precisava de muitos cuidados. E lá estava eu, mal equipado para cuidar de mim mesmo. Enquanto voltávamos do parque, com George puxando a guia com força e me arrastando, eu lentamente chegava a um acordo com minha decisão, dizendo a mim mesmo que tudo correria bem, que de alguma forma eu iria conseguir e então... BANG! George me arranca a guia da mão e dispara como uma bala. Ergui os olhos e vi um gato malhado a cerca de trinta metros de distância, cuidando da própria vida, esfregando as costas em algumas grades, alheio, naquele momento, ao staffordshire que latia como louco e partia em sua direção. Assisti, em pânico, George perseguir o animal, que desde então havia se dado conta da situação e disparado rua abaixo.

– George! Vem cá! – gritei, mancando atrás dele. – Volta aqui, George, seu desgraçado.

Ele reapareceu um minuto ou dois mais tarde, com os olhos brilhantes e a guia arrastando por entre as pernas, aparentando ter gostado de seu joguinho.

– Seu desgraçado, seu completo desgraçado! – censurei-o em tom firme ao segurar a guia e enroscá-la na mão. Disse isso em voz alta e da forma mais irada possível, pois queria me certificar de que ele soubesse que o que havia feito não deveria se repetir.

George baixou a cabeça e franziu o focinho, mas ergueu os olhos em minha direção com o que é a melhor definição de olhar de filhotinho. Percebi que ele estava arrependido, mas também exibia um semblante que dizia: "Veja bem, você não pode culpar um cachorro por perseguir um gato, pode?"

Eu tinha de admitir que ele estava com a razão, mas não podia deixá-lo continuar assim. George não estava sob controle, o que significava que era um perigo para si mesmo, para mim e para as pessoas, sem mencionar todos os gatos infelizes da área. Se estivesse com a cabeça no lugar, eu provavelmente teria pegado um táxi até o centro de resgate de animais mais próximo, levantado as mãos e explicado: "Desculpem, não consigo fazer isso."

Mas, como já disse, naquela época eu me encontrava tão distante da sensatez quanto possível. Havia adotado George por instinto. Não pensei no quanto custaria alimentá-lo ou nada assim de ordem prática e, ainda que soubesse que George me causaria todo tipo de revés, nos poucos dias em que o conhecia já havia me afeiçoado muito a ele.

Eu gostava de tê-lo na quitinete, sobretudo após me acostumar a ter a casa cheia, com Becky, Sam e o cão pastor, e meu instinto me dizia para conservá-lo. George possuía alguma qualidade que o tornava especial, alguma coisa que fez com que eu imediatamente me sentisse protetor. É difícil descrever, mas se o conhecer, e espero que isso aconteça algum dia, você vai saber exatamente o que estou querendo dizer.

– Vamos bolar alguma coisa – eu disse a mim mesmo, embora não soubesse como, não ainda.

George me seguiu por toda parte naquele final de tarde e à noite tornou a dormir na dobra de minha perna. No dia seguinte, decidi levá-lo a meu lugar de sempre na estação de metrô de Tower Hill, para ver se conseguia ganhar alguns trocados para nós e comprar um pouco de comida para ele. Sam e Becky haviam deixado algumas latas de comida de cachorro, mas George estava sempre com fome e elas já estavam acabando. De qualquer forma, o que poderia dar errado, desde que eu segurasse a guia com força?

George e gatos simplesmente não combinam.

"Tudo", imaginei George dizendo enquanto me via engatar a guia com olhar inquisitivo. "Você está procurando encrenca?"

– Ei, se comporte – disse eu. – Agora vamos.

George foi um pé no saco por todo o caminho até lá. Eu me preocupava em cuidar de George estando de muletas, portanto as havia deixado em casa, o que significava que precisava andar devagar e com cuidado. George não gostou. Quase me arrancou o braço, tentando me obrigar a acelerar; meu tornozelo ruim latejava de dor quando eu fincava o calcanhar no chão e tentava me manter ereto.

– Tenha um pouco de respeito por um velho! – disse eu.

Alguns moradores de rua que eu conhecia aproximaram-se assim que cheguei com George. Já estavam bem informados sobre o dono anterior de George. Alguns deles conheciam o escocês bêbado e me avisaram para ter cuidado.

– Fiquei sabendo que ele vai tirar teu couro toda vez que te encontrar – advertiu um deles. – Você precisa tomar cuidado.

Outro me contou que o escocês era uma criatura desagradável e havia ganhado a reputação de roubar pessoas desabrigadas. Não gostei do que ouvi por último e quis me certificar de que ele não tivesse alguma ideia acerca de mim e de George.

– Sei tudo sobre ele – disse eu, exagerando um pouco. – Já estou preparado. Tenho um taco de beisebol com o nome dele escrito de todas as formas possíveis, até de trás para a frente e de cabeça para baixo. Se ele tentar me ameaçar ou pegar George de volta, mostro o taco para ele da forma adequada.

Não sou um homem violento por natureza e não tinha a intenção de atacar ninguém com um taco de beisebol, mas queria que a fama de que eu não era presa fácil circulasse, e sabia que podia contar com os caras da rua para fazerem isso por mim. Essa foi uma das muitas coisas reconfortantes que aprendi ao longo dos anos a respeito da comunidade dos sem-teto: a grande maioria protegia um ao outro. Quando se senta sobre os ossos do traseiro e dorme ao relento, a pessoa aprende a importância da solidariedade e de cuidar das pessoas que estão no mesmo barco que ela. Eu havia soltado a informação e sabia que podia confiar nos outros desabrigados para fazê-la circular, para ajudar a proteger a mim e a George.

Minha rotina habitual a essa altura era perambular pela entrada do metrô, aproximando-me dos transeuntes e pedindo educadamente se podiam me ceder alguns trocados. Tendo sido criado por pais orgulhosos como Gerry e Dot, sentia-me muito constrangido por me encontrar naquela posição. O único jeito de compensar aquilo em minha cabeça era me considerar um animador pedindo uma gorjeta, então tentava sempre cativar as pessoas que abordava com alguns gracejos ou fazê-las sorrir.

– Como vai você hoje? – perguntava eu. – Está indo a algum lugar legal? Vai custar uma libra para eu te levar nos ombros. – Na realidade, eram coisas bem bobas, mas eu jamais teria sonhado em apenas estender miseravelmente a mão ou ficar ali parado parecendo ameaçador. Mesmo quando estava no maior dos desesperos, sempre tentava colocar um sorriso no rosto e fazia o possível para começar uma conversa.

A maioria das pessoas passava direto por mim e fingia que eu não estava ali. Outras pareciam constrangidas e me lançavam alguns trocados antes de escapar o mais rápido possível. Apenas uma minoria entabulava conversa e me tratava como ser humano. Não as culpo por pensar que deve haver algo de errado com mendigos ou desabrigados. Pode ser assustador descobrir os motivos pelos quais essas pessoas acabaram na rua, perguntar-se se fizeram alguma coisa terrível ou possuem um lado obscuro na personalidade. Entendo isso, mas está muito longe da verdade na grande maioria dos casos. Tendo sido eu mesmo um deles e amigo de muitos, sei que mendigos e sem-teto são como todos os demais. São o tipo de pessoas que se horrorizam ante a ideia de um cão ser maltratado ou de um escocês louco roubar e ameaçar gente vulnerável. A maioria está nas ruas por falta de sorte ou por ter recebido cartas ruins no jogo da vida, muitas vezes não por sua culpa. Isso não significa que não tem sentimentos como todos os outros, ou que seja ser humano inferior que não merece um mínimo de respeito.

Apesar de abrir o mais jovial dos sorrisos e fazer o melhor para tornar o processo de mendigar o menos doloroso possível para todos os envolvidos, na melhor das hipóteses, eu detestava aquilo. Só mendigava porque sentia fome e necessitava de uma xícara de chá, mas achava muito humilhante e ruim para a alma o fato de me colocar à mercê dos outros.

De forma otimista, achei que ter George comigo quando saísse para mendigar facilitaria o processo. Sei que muitas pessoas são compreensivelmente temerosas de raças como staffordshire, visto que há muita propaganda negativa a respeito deles, mas por George ser tão bonito, eu esperava que atuasse como um trunfo.

– Você vai ligar o seu charme? – perguntei-lhe enquanto nos dirigíamos à estação do metrô de Tower Hill. – Preciso que você deixe todo mundo deslumbrado.

Ele ergueu a perna de encontro a um muro e me lançou um olhar que dizia: "Não enche o saco! Como é que eu vou fazer isso?"

Nos primeiros cinco minutos após termos nos acomodado, George pôs-se a perambular, farejar as pessoas, latir, me arrastar pela calçada e tornar-se um transtorno. Fiquei ali tentando fazê-lo sentar e se acalmar, mas ele não obedecia. Toda e qualquer coisa o agitava – o rugido do motor a diesel de um táxi, o esvoaçar dos pombos, até mesmo um vento forte. Ele simplesmente não parava quieto. O pior de tudo era que alguns passageiros que passavam por nós pareciam genuinamente nervosos com George, o que fazia com que eu me sentisse muito mal. Era evidente que eu não o controlava da forma com que um animal como ele precisa ser controlado, o que não estava certo. Não permanecemos ali por muito tempo.

– Você precisa aprender boas maneiras – eu disse a George enquanto caminhávamos juntos. – Em primeiro lugar, as mulheres não gostam que você cheire a saia delas ou que pule em cima delas. Vou ter que te ensinar a se comportar.

Ele me lançou um olhar longo e severo, como se quisesse saber como um sujeito como eu conseguiria aquilo.

"E você está à altura dessa tarefa?", era o que dizia sua expressão. "Nós estamos, senhor John?"

– Vou te ensinar – disse eu. – Observe e aprenda, George. Sou muito mais do que aquilo que aparento. Vou te mostrar.

Começamos a voltar ao apartamento e, por alguns minutos, fiquei aliviado ao descobrir que George estava andando perfeitamente com a guia. Vínhamos muito bem até dobrar a esquina da rua Royal Mint e um gato preto disparar de um beco a poucos metros de nós. O gato atravessou a rua correndo e George saiu atrás dele como o Coiote perseguindo o Papa-Léguas. Disparou tão rápido e era tão forte que me arrancou a guia da mão e me atirou contra um poste.

– Para, George! Seu desgraçado! Vem cá! Para, seu desgraçado! – gritei, tentando soar o mais severo possível. – Para, seu idiota desgraçado!

Ele sequer olhou para trás e, apavorado, vi-o correr para a rua na frente de um táxi preto, forçando o veículo a desviar. O taxista apertou a buzina, agitou o punho em minha direção e gritou:

– Por que você não controla esse cachorro de merda? – enquanto o gato fugia por cima de um muro e George latia do outro lado da rua.

– Desculpe, parceiro! – acenei para o motorista, que olhou de cara feia, balançou a cabeça e foi embora.

– FICA AÍ, GEORGE, SEU DESGRAÇADO – gritei do outro lado da rua. – ESPERA! NÃO SE MEXA! ESTÁ OUVINDO? FICA AÍ!

Ele olhava direto para mim enquanto eu aguardava que a rua ficasse livre para poder atravessar e recuperá-lo. Era óbvio que eu queria que ele ficasse ali e esperasse, porém George não entendeu ou tinha outra coisa em mente. Tornou a correr direto para a rua, apavorando um sujeito em uma bicicleta, que me chamou de babaca maldito, o que não pude discutir. Fiquei incrivelmente aliviado ao tornar a tê-lo sob controle – bem como um tanto assustado – e quando enfiei George de volta no apartamento, tinha gotas de suor na testa e minhas mãos tremiam.

– Você vai sair pela porta da rua se fizer isso de novo – adverti. – Ninguém te ensinou absolutamente nada?

Ele farejou o ar e começou a se lamber.

– Vou entender isso como um não – disse eu. – E pode parar com isso agora mesmo.

Irritado, peguei uma de minhas muletas enquanto falava e balancei-a em sua direção; George se encolheu e ganiu e parei quase de imediato o que estava fazendo. Não era preciso ser gênio para ver que ele devia ter levado um ou dois bons chutes de alguém com quem havia se deparado no passado. Foi horrível vê-lo se encolher daquele jeito e aquilo cavou um buraco em meu peito. Culpado, larguei a muleta e me aproximei para lhe afagar a cabeça. De onde quer que George houvesse saído, merecia uma trégua. Eu sabia o que era a falta de sorte e queria de fato ajudá-lo. Havia treinado Butch quando criança e mesmo que isso tivesse ocorrido muito tempo atrás, sabia que podia treinar George se me determinasse a isso. Além disso, sabia que se não o treinasse, talvez tivesse de abrir mão dele, e esse era um resultado com o qual conseguia lidar cada vez menos.

Ele estava sentado ao meu lado, encarando-me de um jeito um tanto inquietante, como se tentasse ler meus pensamentos. Isso foi algo que realmente percebi em George. Era evidente que ele era um animal com uma inteligência incrível, e um carisma e uma presença que nunca vivenciei em um cão. Não seria verdade dizer que ele era quase humano; isso seria ir longe demais. Mas por vezes, eu achava que ele tinha mais cérebro que eu. Era impossível não responder quando ele me olhava daquele jeito inquisitivo. Honestamente, eu não me surpreenderia se ele abrisse a boca de repente e latisse: "Está tudo bem, parceiro?"

– Tudo bem, George – eu me pegava dizendo, em resposta à pergunta não formulada. – Está tudo bem, parceiro. Estou pensando, só isso. Estou só calculando o que fazer em seguida.

Ele baixava os olhos, como se entendesse que precisava me dar tempo para ordenar os pensamentos.

Ninguém parecia saber de que forma o escocês louco conseguira o George, mas eu imaginava que a história não devia ser bonita, não com um personagem como ele envolvido. Pensar em minha própria educação reforçava a imensa responsabilidade que eu havia assumido com George. Não apenas precisava cuidar dele diariamente, como tinha de ensiná-lo a se comportar e sobreviver neste mundo imenso. Eu o havia herdado, como Dot e Gerry haviam herdado a mim. Eu tinha de fazer o melhor possível, exatamente como eles fizeram quando precisei de um lar e de uma família.

Eu teria de ensiná-lo a se comportar sem a guia, para poder andar de muletas sem medo de ser arrastado ou de perder o controle sobre ele.

– Eu tenho um plano, George. Que tal treinarmos você para não precisar dessa sua guia velha?

À menção da palavra "guia", George começou a farejar a quitinete procurando por ela, pensando que eu o levaria para passear.

– Não, esquece isso, George – disse eu. – Vem comigo, tive uma boa ideia.

Meu apartamento ficava perto da Highway, uma autoestrada que sai de Tower Bridge em direção a Essex. Decidi que esse seria o campo de treinamento de George. A via estava sempre muito movimentada, mas eu a conhecia como a palma da mão e se conseguisse ensinar George a atravessá-la em segurança sem a guia, sabia que poderia lhe ensinar qualquer coisa.

Quando nos pusemos a caminho, minha artrite havia voltado com força total e eu me apoiava pesadamente nas muletas. Eu sabia que não seria fácil e fiquei nervoso a partir do instante em que deixamos a quitinete, mas aquilo precisava ser feito. A realidade absoluta era que se George não fosse treinado e não conseguisse andar sem a guia, eu não poderia ficar com ele.

– Bem, o negócio é o seguinte – disse quando chegamos à calçada. – Se ficar junto comigo agora, você pode ficar comigo para sempre. Qualquer bobagem e você sai pela porta da rua.

Surpreendi-me ao dizer isso em voz alta. As palavras me deixaram um gosto ruim na boca. Já havíamos passado por muita coisa juntos e eu me sentia cada vez mais apegado a ele. Acho que ele sentia o mesmo a meu respeito, pois observava cada movimento meu e me ouvia com atenção, como se quisesse de fato entender e fazer a coisa certa.

– Bom garoto, George – disse eu. – Fique junto, garoto. Bom menino. Fique perto de mim. Bom.

Até então, estava tudo correndo bem. George estava andando ao meu lado e virando e me olhando com tanta frequência que a essa altura eu começava a me preocupar que ele tropeçasse em alguma coisa, em lugar de sair em disparada. Mesmo assim, sempre que dobrávamos uma esquina, eu lançava os olhos por toda parte, vasculhando ruas e calçadas, rezando para que não houvesse gatos por perto. Quando George se afastava mais de um ou dois passos, eu gritava com minha voz mais profunda e firme:

– George! Vem cá! Ei! Volta aqui AGORA!

Fiquei me repetindo vezes sem conta e George respondeu bem, mesmo que parecesse ter as palavras "Você já disse isso. Eu sou um cachorro, não um peixinho-dourado" escritas no focinho. Eu sabia, por ter tido Butch, que não é o que se diz ao cão o que importa, é como se diz. Projetar a voz e soar autoritário é o que funciona, assim como usar a linguagem corporal correta e parecer estar no comando. Pensando bem, é provável que eu tenha aprendido isso com Gerry. Ele muito raramente precisava me encostar um dedo; a pantomima da voz de vilão sempre foi o próprio castigo.

George abanava o rabo quando eu falava com ele em voz mais branda ou mais baixa.

– Bom garoto, George! Você está indo bem.

Chegamos à autoestrada na hora do rush, o que provavelmente parece loucura, mas significava que embora houvesse muito movimento, o tráfego estaria mais lento. Era uma boa combinação para George. Era necessário que houvesse um elemento de perigo, mas não muito, para que ele aprendesse as regras da estrada.

– PARADO! – rugi quando nos aproximamos de um cruzamento de pedestres diante de uma loja de móveis. – Está ouvindo, George? PARADO.

O trânsito estava barulhento e percebi que George mantinha-se atento, com as orelhas apontadas para o alto e os olhos por toda parte. Era o que eu queria. Precisava que ele farejasse o perigo e então esperava que seus instintos o fizessem permanecer junto a mim.

Considerei isso uma boa ideia na época, mas quando olho para trás, posso imaginar o que George teria dito. "Você está se divertindo? Acha mesmo que isso vai dar certo?"

Desconfio que esse seja um dos traços de minha personalidade. Mesmo nos piores momentos de minha vida, sempre tive lampejos de otimismo – ou talvez fossem instantes de loucura?

De qualquer forma, naquele dia meu humor estava definitivamente me fazendo enxergar o copo meio cheio e tive certeza de que aquilo iria funcionar.

– Vamos, George. Fica aqui comigo, garoto. Parado. PARADO! GEORGE! GEORGE! VOLTA AQUI, SEU DESGRAÇADO! GEORGE! SEU DESGRAÇAAAADO!

George disparou e atravessou a estrada como uma bolinha cromada em uma máquina de fliperama. Não prestou a menor atenção ao tráfego; sua atenção estava voltada para um maldito gato avermelhado que se pavoneava no peitoril da janela de uma loja do outro lado da estrada. Vi, aflito e morto de medo, os motoristas serem forçados a desacelerar, desviar ou pisar no freio para evitar atingir George. Uma van branca quase bateu no carro da frente e recebi vários sinais de mão em agradecimento.

Eu continuava enraizado no lugar, morto de medo, o coração martelando, mas antes mesmo que recuperasse o fôlego, George decidiu voltar, querendo mais. Devia ter perdido o gato e, em pânico, vi-o girar nos calcanhares e tornar a correr em minha direção, outra vez ziguezagueando em meio ao tráfego. Em um piscar de olhos, ele estava de novo ao meu lado, ofegando furiosamente e parecendo tão chocado quanto eu com o que havia acabado de fazer.

– Você é um CACHORRO MAU, George. Fica aqui. Está ouvindo? PARADO!

Foi puro milagre ele não ter provocado um acidente sério ou sido atropelado. Peguei uma das muletas e golpeei a calçada com toda a força, fazendo o maior barulho possível e ficando completamente louco para que ele soubesse o quanto havia se comportado mal.

– SEU DESGRAÇADO! GEORGE MAU! – berrei várias vezes. Ele baixou as orelhas, franziu a testa e ganiu alto. Era de fato de cortar o coração, e decididamente não gostei de tratá-lo dessa forma, mas fiquei aliviado com sua reação.

Pelo que eu sabia, ele poderia ter se voltado contra mim. Cães sem-teto maltratados têm essa característica – digamos que nem sempre aceitam críticas. Mas ele aguentou firme, e foi quando eu soube que ficaríamos bem. Recebi alguns olhares atravessados dos pedestres que me viram gritar tão alto com George, e sei que existem pessoas que não concordam com o que fiz. Não reagi por raiva nem por estar descarregando em cima dele. Aprender a não perseguir gatos e atravessar ruas lhe salvaria a vida no futuro. Desse dia em diante, George nunca mais tornou a perseguir gatos e hoje, mesmo que um gato esteja ao seu alcance, ele não se move até que eu emita um comando. Tampouco dispara pela rua como um completo maníaco. Só preciso levantar a voz para lembrá-lo.

– Não é isso, George? – acabo de perguntar. Ele acordou na poltrona de couro de Griff e parece muito à vontade e convencido. – Pode tirar esse olhar do focinho. Estou contando o idiota que você era.

É claro que na época eu não fazia ideia de que, ao tentar salvar a vida de George, estava, em última análise, salvando a minha própria. George era um sortudo, e sua sorte estava prestes a começar a passar para mim, mas ainda tive de esperar algum tempo para que isso acontecesse.

George me deu o maior susto de minha vida no dia em que correu para a autoestrada.

Capítulo oito

– Marquei uma consulta no médico para você, John – anunciou Dot certo dia.

– Para quê, mãe?

– Para controlar o seu peso, filho, só isso – respondeu ela com naturalidade. Fez com que aquilo parecesse um check-up de rotina, mas claro que não era o caso.

Quando cheguei ao segundo ano da escola secundária, eu estava mais gordo que nunca.

Minha mãe jamais discutiu meu peso comigo, mas obviamente havia decidido que era hora de agir. Eu continuava a praticar o boxe em regime esporádico, mas não estava emagrecendo. Na verdade, estava engordando. Quando fomos à consulta, senti muita vergonha de ficar de pé diante do clínico geral local sem camisa enquanto ele tirava as minhas medidas. O médico me fez subir na balança e deslocou progressivamente o peso até que indicasse 84 quilos. Eu tinha apenas 1,30 metro de altura! Era clinicamente obeso e o médico disse a Dot que estava preocupado com as consequências graves e o esforço que o peso estava impondo a meu coração. Concluiu que eu precisava de ajuda especializada. Não fiz perguntas; queria apenas tornar a vestir a camisa e sair dali o mais rápido possível.

Logo depois, minha mãe anunciou que eu iria passar algumas semanas no Hospital Barts durante as férias de verão; "para te ajudar a perder um pouco de peso" foi como se expressou. Não gostei de ter de ir para o hospital por um período de tempo, mas tampouco gostava de ser gordo, então apenas balancei a cabeça em concordância.

O Hospital Barts situa-se em Smithfield na Cidade de Londres. É um prédio antigo grande com uma igreja normanda anexa a ele, que minha mãe disse que tinha quase mil anos. Dot contou que este sobreviveu ao grande incêndio de Londres e ao bombardeio, portanto era o lugar mais seguro do mundo. Quando nos aproximamos da entrada, vi pessoas atirando moedas em um tanque de peixes. Pousei a mala um minuto para olhar para a água.

– Olha o tamanho desses peixinhos-dourados, mãe! – exclamei.

– São carpas koi, querido – corrigiu-me uma senhora ao passar cambaleando em seu andador.

Eu estava fascinado e morto de medo ao mesmo tempo – o prédio era diferente de todos os outros que havia visto. Já desenhei muitos edifícios em Londres, mas nunca tentei reproduzir os detalhes e o esplendor de Barts. Os arredores eram igualmente lindos – como o cenário de um livro de história –, mas não tive tempo de apreciar tudo, pois estava mais preocupado com aquilo em que estava me metendo.

Portaria Henrique VIII no Barts.
A parte mais antiga que subsistiu do hospital.

O odor estéril e o calor na enfermaria me renderam uma dor de cabeça, e as enfermeiras com seus uniformes engomados, empurrando seus carrinhos de metal barulhentos, faziam com que eu me sentisse nervoso o tempo inteiro. Colocaram-me em uma cama ao lado de um rapaz de 15 anos com a perna quebrada, e os outros quatro garotos na enfermaria estavam extraindo as amídalas. Não tínhamos muito em comum além do fato de estarmos mortos de saudades de casa e tentarmos não demonstrar isso. Foi a primeira vez que me afastei de casa.

As enfermeiras me acordavam às sete da manhã e me faziam correr pelos arredores e subir e descer as escadas, revestidas dos mais magníficos murais de William Hogarth, como vim a descobrir mais tarde. Depois da malhação matinal, eu via um fisioterapeuta e em seguida havia uma sessão com um médico especialista. No primeiro dia, ele me colocou em uma espécie de bicicleta ergométrica ligada a um velocímetro. Fiz 11 quilômetros na primeira vez, embora tenha ofegado e chiado como um mineiro fumante inveterado.

Minha mãe e meu pai estavam autorizados a me visitar à tarde. Muitas vezes, porém, apenas Dot aparecia. Acho que ela e Gerry não estavam se entendendo muito bem na época e eu não me atrevia a perguntar por quê. Não me importava que fosse só ela; eu ficava realmente muito feliz em ver um rosto amigo. Ela em geral permanecia por algumas horas entre seus turnos de limpeza. Eu tinha a impressão de que ficaria mais se pudesse, para prolongar o tempo que passava longe do President House e de Gerry. Dot tagarelava durante horas com outra mãe cujo filho estava em minha enfermaria, enquanto eu me sentava na cama rabiscando ou copiando fotos de alguma das revistas velhas largadas ali. Não me interessava que fosse a *Shoot!* ou a *Smash Hits*, podia desenhar bolas de futebol ou a cabeça de Simon Le Bon; eu não era exigente.

Permaneci no hospital por duas semanas, depois compareci como paciente diurno por cerca de três meses. Os salgadinhos, chocolates e bebidas gasosas foram banidos de minha dieta e eu só tinha permissão para comer uma porção de salgadinhos por semana! Dot costumava preparar jantares como salsicha e purê ou fígado e bacon e todo tipo de fritura, portanto isso também teve de acabar. A essa altura eram apenas frutas e vegetais, peixe cozido ao molho de salsa e ovos pochês, aos quais logo me acostumei e comecei a gostar.

Meu peso diminuiu e perto do Natal de meu segundo ano na escola secundária, eu pesava pouco mais de 57 quilos. Já não era mais o "garoto gordo", o que foi um imenso alívio. Perder mais de 25 quilos foi uma mudança de vida, e lembro-me de me olhar no espelho e não acreditar em meus próprios olhos. Endireitei os ombros e imediatamente comecei a me sentir mais alto. Sentia-me uma pessoa diferente: ainda possuía minha arte e Butch mas, pela primeira vez, estava em boa forma. Tudo corria às mil maravilhas.

Em retrospecto, percebo que embora perder peso tenha sido em si algo muito positivo, curiosamente meu comportamento na escola piorou de forma gradual. Tornei-me uma versão ainda mais arrogante e atrevida de meu antigo eu. Talvez fossem meus hormônios de adolescente atuando, mas o que quer que fosse, eu não conseguia impedir. Estava cada vez mais cansado da escola e até mesmo o sr. Glover, que ainda permitia que eu me sentasse no fundo da sala em suas aulas de arte, não conseguia me manter ali.

– Quer um dia de folga? – perguntou-me um rapaz corpulento certa manhã. – Quer ficar com a gente?

Eu sabia que esse rapaz corpulento fazia parte de uma gangue de garotos mais velhos que se reuniam nas escadas da torre ou no estacionamento subterrâneo e raramente iam ao colégio. Também sabia que estavam envolvidos com coisas mais pesadas que fumar cigarros. O rapaz corpulento cheirava solvente de corretivo Tippex e latas de fluido para isqueiro, e nas raras ocasiões em que comparecia à escola, levava uma lata na manga do blazer e cheirava em sala de aula ou entornava o solvente na manga e pousava os lábios sobre o tecido molhado e o inalava.

Nada disso me impedia de andar com ele e sua gangue. Secretamente, estava muito satisfeito comigo mesmo por ter sido convidado a entrar para o grupo. Era o tipo de coisa que não me acontecia quando era gordo e eles não precisaram perguntar duas vezes.

– Deixe John experimentar isso – disse o rapaz corpulento assim que nos reunimos aos seus companheiros em um canto escuro do estacionamento.

Um dos rapazes me entregou um frasco de solvente Tippex e então todos começaram a me dizer para derramá-lo na manga e inalar.

– É um barato, John – disse o rapaz corpulento. – Experimenta!

Fiz aquilo sem pensar. Não conseguia enxergar que mal uma cheirada no frasco de uma substância como aquela poderia fazer. Era possível comprá-la na loja da esquina ou roubá-la do armário de materiais na escola, portanto dificilmente seria ilegal. Senti a cabeça girar de imediato e achei muito divertido. Eu sabia, por experiências anteriores, que matar aula nem sempre era tão prazeroso, e ficava mais que satisfeito em juntar-me aos rapazes enquanto estes instigavam uns aos outros a cheirar cada vez mais. Perambulávamos pelas ruas, entrando e saindo dos ônibus, dizendo-nos um monte de bobagens e em geral desperdiçando o dia. As horas passavam muito rápido e no dia seguinte eu estava de volta para repetir a dose, ou assim eu pensava.

– Aqui, experimenta isso – tornou a dizer o rapaz corpulento, mas dessa vez me estendeu uma lata de fluido para isqueiro.

Seus companheiros estavam todos rindo. Eram apenas nove da manhã, mas já haviam dado uma cheirada no gás e era óbvio que estavam realmente se divertindo. Mostraram-me como fazer e percebi que aquilo era muito mais potente que o solvente Tippex. Minha mente pareceu ter enlouquecido um pouco. A sensação foi instantânea, e dessa vez o dia passou ainda mais rápido. Era como acionar um interruptor e levar a cabeça para outro lugar, onde as bordas afiadas são eliminadas da visão e dos sentimentos, e tudo fica um pouco embaçado ou nebuloso, ou de alguma forma não muito normal. Gostei da sensação de não estar muito normal.

Comecei a cheirar Tippex e aerossóis de forma esporádica durante semanas, se não meses. Matava aula com os rapazes quase o tempo todo, aparecendo no colégio apenas quando Dot recebia um telefonema ou Gerry me ameaçava, caso não arregaçasse as mangas, de me chutar pela porta da rua e me enfiar em um orfanato, ou me enviar para viver com Jimmy Dolan.

Sei que por vezes tornei a vida de Gerry e Dot um tormento, mas os adorava e não conseguia me imaginar vivendo longe deles. Eu me detestava quando fazia Dot chorar e não suportava quando Gerry perdia a paciência e gritava comigo. Os professores podiam berrar e uivar até ficarem com o rosto azul que pouco me importava, mas o fato de Gerry me passar um sermão realmente me abalava, pois eu me preocupava com ele e com o que pensava de mim. Mais importante ainda, eu não sentia medo suficiente das ameaças de Gerry para deixar de me comportar mal.

Quanto mais velho ficava, mais facilidade sentia para escapar do radar quando queria. Quando eu tinha 15 anos, eles estavam em meados da casa dos quarenta – não exatamente velhos pelos padrões atuais, mas haviam criado quatro filhos quase sem dinheiro e Gerry em particular começava a ficar sem energia comigo. Mas, convenhamos, quem poderia culpá-lo?

Por fim, comecei a sentir dores de cabeça, mas por mais estúpido que pareça agora, não as relacionei ao abuso de solvente. Dot ficou muito preocupada, pois meus sintomas eram graves e semelhantes aos efeitos de enxaquecas, das quais ela mesma padecia. Dot levou-me a um clínico geral, que fez perguntas sobre minhas dores de cabeça e sobre quando haviam começado. Menti e saímos com uma receita de analgésicos fortes. Eu tomava a dose máxima todos os dias e continuava a cheirar cola com regularidade. O mais bizarro, continuava a me perguntar por que motivo minha cabeça doía!

Certo dia, Dot voltou para casa depois do trabalho, desligou a televisão da tomada e me deu uma forte bofetada na orelha.

– Por que isso?!

– Vou te mostrar – disse ela, tremendo de raiva.

Abriu a bolsa e extraiu um saco de cola.

– Encontrei no seu quarto.

– Ah. Desculpe, mãe...

– Vou te deixar bem arrependido. Dor de cabeça, você disse! E disse que não sabia a causa! Vou te dar uma maldita dor de cabeça, John...

Pensei que ela fosse me acertar outra pancada na orelha, mas, em vez disso, desabou no sofá e desatou a chorar. Pedi desculpas várias vezes. Ela parecia esgotada e doente de preocupação. Eu detestava vê-la assim, e tentei limitar os estragos.

– É só curtição – disse. – Achei que você não fosse descobrir. Eu não sou viciado. Nada disso. Nem acho que as dores de cabeça estejam relacionadas à cola...

Dot chorou a noite inteira e me levou ao clínico geral no dia seguinte e depositou o saco de cola em cima de sua mesa.

– Acho que descobri a causa das dores de cabeça – anunciou ela. – E quero que John receba ajuda. Ele não vai me escutar nem ao pai dele.

Poucas semanas depois, marcaram para mim uma consulta com um “médico de cabeça”. Ninguém usava termos como psicólogo, psiquiatra ou coisa semelhante na época. Era só um "médico de cabeça" que iria conversar comigo sobre os motivos de eu querer fazer algo tão estúpido quanto cheirar cola. Quando entrei na clínica, esperava ver apenas um médico, mas havia um semicírculo com meia dúzia de homens e mulheres, alguns de jaleco branco e todos parecendo muito sérios. Tive de sentar em uma cadeira de frente para eles enquanto todos se revezavam me fazendo perguntas.

– Você é infeliz em casa? – perguntou um deles.

– Não – respondi. – Minha mãe e meu pai me estragam de tanto me mimar.

Dessa vez eu não estava mentindo. Amava minha mãe e meu pai e não conseguia me imaginar vivendo em outro lugar. Eles me vestiam, me alimentavam e, sempre que eu queria alguma coisa, compravam. Outras crianças com quem cresci tinham de se arranjar sozinhas. A casa era suja, a mãe estava sempre bêbada ou o pai as espancava. Minha vida não era assim e realmente acreditei quando disse aos médicos que minha infância havia sido idílica.

– Você tem problemas na escola? – perguntou outro.

– Não – respondi após uma pausa. – Eu só detesto a escola.

– O que você detesta?

– Tudo.

– Deve haver alguma coisa de que você goste. Tente citar uma coisa de que goste.

– A aula de arte, acho. É isso. Detesto todo o resto.

Prometi a Dot que pararia de sair com a galera e pararia com os solventes. Consegui chegar ao Natal e, de presente, ganhei um conjunto de canetas à base de tinta que pareciam aquarela quando mergulhadas em água e usadas sobre papel-cartão. Os resultados eram fantásticos e comecei a fazer alguns desenhos originais em lugar de apenas copiar gibis. Por vezes, sentia-me como um daqueles velhos pintores com seu cavalete e seu pincel; a única diferença era que eu estava usando canetas com ponta de feltro. Simplesmente copiar não fazia justiça às cores. Eram em geral desenhos de bárbaros ou pessoas de estilo gótico, como a Família Adams. Eu desenhava coisas como uma filha muito feia, com longos cabelos de bruxa, uma avó assustadora e pais estranhos com círculos negros ao redor dos olhos. Nunca terminava nada e só fazia esboços, mas não os estava desenhando para mais ninguém; aquilo era somente para meu próprio prazer e para ver até onde tinha chegado.

Certo dia, Dot enfiou um de meus desenhos na bolsa, pois queria mostrá-lo a seus amigos no trabalho. Ela limpava escritórios próximos ao mercado de carne em Smithfield, e um dos sujeitos no mercado viu por acaso meu desenho enquanto Dot o fazia circular.

– Quem desenhou isso? – perguntou ele, parecendo muito interessado.

– Meu filho – respondeu ela com orgulho.

– Bem, você pode perguntar a ele se quer criar um logotipo para nós?

Esse homem vinha procurando um artista que idealizasse uma logomarca para colocar nas laterais das vans da frota de sua empresa.

– Você vai pagar? – perguntou Dot.

– Cinco libras por cada van que leve o logotipo – respondeu o sujeito.

– Vou perguntar a ele – disse Dot com astúcia, sabendo que aquilo poderia me render algumas libras se eu conseguisse.

Quando ela me contou tudo isso, fiquei muito animado. Era a primeira vez que alguém fora de minha família próxima – ou o sr. Glover – demonstrava interesse em minha arte.

Comecei de imediato a trabalhar, brincando com estilos e imagens. Eu queria algo realmente original, alguma coisa que destacasse a marca.

Decidi faltar à escola e ir ao mercado de carne de Smithfield para ver os logos das outras empresas. Dessa vez, não me senti culpado por perder aulas – já que ia ser um artista famoso, eu imaginava que esse era um passo na direção certa.

Quando cheguei em casa, sentei e tentei desenhar o logotipo, mas nada me ocorria. Talvez devido à pressão de ter de produzir alguma coisa a pedido, ou pelo fato de ainda não levar muita fé em minha habilidade na época. Por fim, desenhei um açougueiro alegre vestindo um avental listrado, com o braço pousado em um frango feliz. Era brega e eu sabia que poderia fazer melhor, mas esperava que aquilo fosse bom o bastante para o logotipo. Afinal de contas, o comerciante havia pedido especialmente a mim. Mas quando mostrei o desenho a Dot, esta deu uma olhada rápida e disse:

– Acho que não, mas boa tentativa.

E esse foi o fim. Minha primeira encomenda em potencial e não consegui entregar a mercadoria. O que mais me doeu, no entanto, foi a reação de Dot. Ela sempre havia sido adepta de minha arte, mas pareceu constrangida com o que produzi – não chegou nem mesmo a levar o desenho para o trabalho.

Capítulo nove

– Cala a boca, seu idiota! – gritei ao apertar a tecla TALK em meu radioamador. Todos os meus amigos racharam de rir enquanto, mais uma vez, arruinávamos a conversa dos dois namorados.

Era a época em que os radioamadores estavam em voga, e para garotos de 15 anos como nós, aquilo era a rede social da época. Conversar um com o outro em radiofrequência era uma novidade, mas o melhor era alguns rapazes irem a minha casa quando Gerry e Dot estavam fora, e reunirem-se em torno de meu rádio para ouvir as conversas dos outros. As pessoas programavam lutas no radioamador e eram bem específicas no que dizia respeito a horário e local de encontro, o que estariam vestindo e até mesmo sua aparência. Entrávamos e as incitávamos, dizendo coisas como:

– Não dê as caras, seu idiota, ele vai te arrebentar! Você parece que não consegue nem sair de dentro de um saco de papel molhado! Não consegue abrir a porta sem distender um músculo!

De longe, o mais divertido era quando ouvíamos algum casal de namorados sussurrando palavras doces entre si. A beleza da coisa era que o homem não conseguia ouvir os insultos que lhe lançávamos enquanto conversava com a namorada; se o sinal de nossa antena fosse mais forte que o da outra pessoa no mesmo canal, era possível sobrepujá-la. Quando a namorada começava a perguntar o que estava acontecendo e por que alguém estava chamando seu companheiro de sacana, todos ouvíamos e ríamos em silêncio enquanto a conversa era interrompida.

– Derek – dizia ela. – Enquanto você está falando, alguém está falando por cima de você.

– O que você está dizendo, querida?

– Eles estão te chamando de sacana.

– Quem mais está nesse canal? – gritava Derek. – É você, Trevor?

A essa altura, entrávamos lançando insultos.

– Aqui, Derek, tua garota é feia. Que bagulho! Ela é irmã do Ciclope?

Às vezes, éramos realmente maldosos e os seguíamos nos quarenta canais enquanto eles tentavam se livrar de nós. No final, não tinham escolha a não ser desligar. Isso era mil vezes melhor que ficar em casa sozinho com Butch.

Quanto mais brincávamos desse jeito, mais desvairados ficávamos. Chegamos ao ponto de escalar telhados por toda a área e roubar antenas pertencentes a outros radioamadores se parecessem melhores que as nossas. Depois as usávamos para aumentar nosso sinal de rádio. O acesso aos telhados era fácil – comprávamos chaves mestras para os portões que os guardavam nos serralheiros locais, que ficavam felizes com o serviço. Não faziam perguntas e nada dizíamos, era simples assim.

Roubar antenas era só uma das coisas que fazíamos para afastar o tédio. A essa altura, meus amigos e eu fumávamos maconha com regularidade e passávamos muitas tardes felizes bem chapados nas casas uns dos outros, ouvindo música em imensos toca-fitas – bandas como Fine Young Cannibals e Public Image Ltd. A casa para a qual nos dirigíamos dependia de que pais estariam fora trabalhando e como Gerry ainda trabalhava pela manhã como lixeiro, quase nunca era a minha. Eu detestava ficar confinado em casa com ele e saía para passear com Butch tanto quanto podia. O cão tinha cerca de seis anos na época e pouco havia crescido desde que era filhote. Também continuava um tanto nervoso e se eu o soltasse da guia, mal saía do meu lado. Sempre que meus amigos me viam passeando com Butch pelo condomínio, debochavam sem dó nem piedade.

– Ah, que belo cachorro gay, John. Um verdadeiro machão. – Bobagens assim. Aquilo não podia me incomodar menos.

Certa noite, eu estava no apartamento de um amigo que morava no President House. Quando havíamos encerrado nossos disparates no radioamador, ele mencionou uma torquês que seu pai guardava embaixo da cama. Sua mãe e seu pai haviam saído naquela noite, então corremos até o quarto, pegamos a ferramenta e calculamos o que fazer em seguida. Havia um parque nas proximidades cujos portões eram fechados a cadeado à noite e achamos que seria divertido cortá-lo. Nada além disso. Não pretendíamos roubar nada – só achamos que seria engraçado. Corremos até os portões do parque e poucos segundos após começarmos a trabalhar no cadeado, meu amigo gritou de repente:

– John! A polícia!

Girei e, em uma rua próxima, havia um carro de polícia com dois policiais dentro, ambos olhando em nossa direção. Não havíamos nos dado o trabalho de verificar, bando de idiotas. Rápido como um raio, larguei a torquês e ambos fugimos, correndo em sentidos opostos.

Não sei para onde foi meu amigo, mas acabei em um conjunto habitacional nas proximidades chamado Midway, cuja estrutura parecia um labirinto. Por sorte, conhecia-o como a palma da mão e os policiais não paravam de tropeçar um no outro ao tentar me pegar. A essa altura, eu havia me livrado da asma de infância e corria muito.

Por fim, saltei um lance inteiro de degraus em lugar de descê-los um a um, atravessei a rua Goswell e corri em direção à segurança do President House. No minuto seguinte, batia freneticamente em nossa porta da frente.

– Por que você está fazendo essa barulheira na caixa de correio? – gritou Gerry.

– Preciso cagar, pai. Por favor, me deixa entrar. Por favor. – Foi a melhor desculpa que consegui arranjar. Entrei no banheiro para que Gerry não pensasse que eu estava mentindo, tentando dissimular minha respiração intensa, depois fui direto para a cama. Assim que recuperei o fôlego, deitei embaixo do edredom, rindo da lembrança de ter escapado da polícia. No que me dizia respeito, aquilo havia sido um dedo médio na cara dos policiais.

Por volta de meia-noite, Dot e Gerry também já haviam ido dormir e a casa estava muito quieta, mas de repente o silêncio foi interrompido pelo som de uma forte batida na porta. E não era uma batida na caixa de correio dessa vez – era um punho cerrado golpeando a porta com força. Ninguém batia em nossa porta assim tão tarde. E ninguém batia com o punho cerrado.

Eu soube de imediato que devia ser a polícia. Era evidente que meu amigo havia sido pego, havia me dedurado e fornecido meu endereço.

Ouvi Gerry xingar baixinho ao dirigir-se à porta, xingar ainda mais ao liberar as trancas e então xingar mais alto ao ver dois agentes distintos da polícia metropolitana a sua frente.

– Um tal de John Dolan mora aqui? – perguntou um deles.

– Qual foi a merda que ele fez agora? – ouvi Gerry retrucar.

– Ainda não temos certeza. Tem a ver com danos à propriedade. Pode ter sido até arrombamento.

– O quê, roubo?

– Possivelmente. É por isso que precisamos falar com ele. Ele está?

– Está, esperem aí.

Antes mesmo que Gerry chegasse ao quarto, eu havia levantado, me vestido e o encontrado no meio do corredor. Encarei-o envergonhado e disse:

– Desculpa, pai.

– Vou te deixar bem arrependido quando você voltar para casa, seu filho da mãe – foi a resposta de Gerry.

No instante seguinte, os policiais me algemaram e me conduziram escada abaixo até a van. O percurso até a delegacia de polícia em King Cross durou cerca de dez minutos, e tudo em que consegui pensar foi em agarrar meu amigo para lhe acertar um tapa na boca e na encrenca em que me veria metido quando voltasse para casa.

Fui acusado de vandalismo criminoso, o que não é de forma alguma o Assalto ao Trem Pagador, mas não impediu o juiz do tribunal de Clerkenwell de me estender uma multa de trinta libras, que Gerry teve de pagar.

– Seu filho da mãe – disse ele ao me entregar as cédulas, provenientes de seu salário ganho com sacrifício.

Nas semanas – se não meses – seguintes, Gerry não deu trégua. Toda vez que punha os olhos em mim resmungava baixinho “filho da mãe”. Eu tentava ficar longe do apartamento o máximo possível, levando Butch para imensos e longos passeios, ou às vezes passando alguns dias na casa de algum amigo. Quando ficava furioso, o que ocorria com frequência depois de beber, Gerry tornava a me ameaçar com a porta da rua, ou dizia que ficaria feliz em me enviar para viver com Jimmy Dolan. Isso continuava a me deixar morto de medo. Embora conhecesse Jimmy um pouco melhor a essa altura, ainda não o conhecia bem e não queria morar com ele.

Vim a conhecê-lo um pouco mais nos anos anteriores e ele havia mencionado o negócio de móveis de escritório de segunda mão que tocava junto com o pai, um figurão que todos chamavam de Jimmy Louco. Não é preciso ser gênio para adivinhar de que forma ele conseguiu esse nome. Jimmy me contou que o negócio estava indo muito bem e perguntou se eu queria ajudar ocasionalmente, o que me pareceu uma boa maneira de ganhar algum dinheiro extra. Não era nada muito importante. Não havia nenhum relacionamento pai/filho dramático; para mim, ele era apenas Jimmy Dolan, como sempre fora, e nos entendíamos bem quando eu trabalhava para ele transportando móveis nos finais de semana.

Em meu último ano escolar, fui colocado em uma unidade especial para crianças problemáticas oriundas de toda a Londres. Minha atenção em aula não melhorava, e mesmo que o sr. Glover continuasse a fazer de tudo para me ajudar, eu estava me tornando um problema cada vez maior. Foi melhor para todos os envolvidos que eu saísse. O novo local era mais como estar na faculdade que na escola, e éramos tratados como jovens adultos e não como crianças. Tínhamos permissão para tocar violão, assistir às aulas de culinária se quiséssemos e havia uma sala para fumantes, onde todos nos sentávamos para fumar nossos Benson & Hedges depois da aula. Eu comparecia todos os dias, mas na realidade estava apenas ganhando tempo, contando os dias até receber permissão para sair oficialmente.

Quando vieram as provas em maio de meu último ano, lembro de haver entrado em um imenso salão com um monte de outras crianças, e um professor ter anunciado:

– Se houver alguém aqui hoje que não queira fazer a prova, por favor, saia agora e deixe que os que querem trabalhar prossigam.

Fui o primeiro a levantar e gerei um efeito dominó à medida que, uma a uma, várias outras crianças também levantaram, até cerca de uma dúzia de nós saírem porta afora. Em meu último dia de aula algumas semanas depois, atravessei os portões sem nenhum certificado. Eu desenhava muito bem, mas era só. No entanto, isso não me incomodava – estava convencido de que era ali que minha vida de fato começava. Agora podia fazer o que quisesse e estava ansioso para ver o que aconteceria a seguir.

Muitas crianças que foram criadas comigo se estabeleceram jovens e começaram a ter filhos muito cedo, o que eu não me via fazendo. Nunca tinha tido uma namorada e infelizmente, quando saí da escola, estava tão gordo quanto antes de ir para o Barts, portanto era pouco provável que arranjasse alguma no futuro próximo. Acho que o peso que havia perdido só me abandonou por um ano no máximo, antes que eu começasse a fumar maconha e a comer o tempo inteiro, afastando-me da dieta. Com minha aparência, eu não tinha a autoconfiança para convidar garotas para sair.

Muitos dos que deixaram a escola foram trabalhar no comércio de tecidos nos arredores de Clerkenwell, e alguns amigos meus conseguiram emprego em uma grande fábrica de calçados na rua Margery, colando solas nos sapatos. Eu não conseguia me ver fazendo isso – detestava a ideia de fazer a mesma coisa repetidas vezes todos os dias da semana –, mas não tinha outros planos. Apenas imaginava que, de alguma forma, alguma coisa surgiria e tudo correria bem para mim. Realmente ingênuo.

Tudo que eu desejava era perder tempo com meus amigos, ouvindo música, fumando maconha, vadiando. Dot e Gerry tinham outras ideias. Detestavam me ver ocioso pela casa e começaram a me pressionar para arranjar emprego. Sem uma única qualificação sequer, não era tarefa fácil, portanto, quando Jimmy Dolan ofereceu-se para me dar mais trabalho em sua firma de móveis de escritório, eles, relutantes, concordaram que eu deveria aceitar, embora Dot tivesse deixado claro que queria que eu conseguisse um "emprego decente" o mais rápido possível.

Quanto mais tempo eu passava com Jimmy, mais percebia que ele era um sujeito decente, que parecia de fato se importar comigo. Passei a considerá-lo uma espécie de velho amigo da família. Quando me fez a oferta, fiquei mais que satisfeito em aceitar, pois isso no mínimo tiraria Dot e Gerry do meu pé.

Dessa vez, Jimmy me fez entregar cartões, o que implicava em percorrer a cidade entregando cartões com os dizeres "Móveis de Escritório Novos e Usados a Bom Preço". Comecei realmente a gostar do trabalho e sobretudo de ganhar meu próprio dinheiro, mas o problema é que não era um serviço regular. Eu podia trabalhar duas semanas seguidas e então ter uma semana de folga, e quando parava, me drogava mais que nunca, pois agora podia comprar quantidades maiores. Passava dias inteiros em casa, fumando e dormindo. De vez em quando, fazia algumas flexões e pegava um pouco de peso – em geral por culpa – o que ajudava a substituir parte do peso que eu estava carregando, mas não era o suficiente. Dormir era sempre mais tentador que malhar. O que eu não sabia era que estava prestes a receber um alerta infernal.

Capítulo dez

Aos 18 anos, fui detido na Instituição Feltham para jovens infratores. Eu vinha operando um esquema com um amigo, no qual forjava assinaturas em cadernetas de poupança roubadas e sacava cinquenta ou cem libras a cada vez no banco ou nos correios. A lei finalmente me alcançou e fui enviado para lá por seis meses sob a acusação de fraude.

Era dezembro de 1989, o Muro de Berlim havia acabado de cair e Nelson Mandela estava prestes a ser libertado da ilha Robben. Eu me considerava um sujeito de sorte. Vivia em um país livre e tinha tido uma audiência justa. Dot e Gerry mal olharam para mim durante o julgamento. Estavam meio que esgotados comigo a essa altura.

Eu tinha ouvido falar que Feltham era um lugar violento, mas disse a mim mesmo que ao menos não era uma prisão para adultos e que não ficaria lá por muito tempo. Eu era apenas um escroque insignificante e estúpido, não um criminoso violento ou coisa parecida. Havia recebido uma sentença curta e logo seria capaz de deixar esse episódio para trás e continuar a viver o restante de meus dias.

Em todo caso, estes se revelaram os seis meses mais difíceis de minha vida, e estou dizendo isso agora, como um veterano de 42 anos, que viu o interior de quase todas as prisões na grande Londres e mais algumas além delas.

A provação começou antes mesmo que eu chegasse a Feltham, ao ser conduzido do tribunal a uma imensa cela em Lambeth, no sul de Londres. Havia cerca de cinquenta jovens delinquentes oriundos de todas as partes de Londres amontoados ali, e assim que os olhei, percebi que eu não era nem metade do malandro que eu pensava ser. Alguns deles pareciam verdadeiros bandidos, com olhar maldoso, músculos proeminentes, cicatrizes e ranger de dentes. Poderiam ter me estrangulado com uma das mãos. Um asiático – um camarada grande – entrou vestindo um terno chamativo e um belo relógio. No minuto seguinte, oito jamaicanos levantaram-se de um salto, começaram a atacá-lo e lhe arrancaram o relógio do pulso. Os policiais fora da cela devem ter feito vista grossa. Isso foi um gostinho do que me esperava em Feltham – eu sabia que não seria legal.

Depois das celas em Lambeth, fomos enfiados em uma "sauna", que é basicamente uma van com vários pequenos compartimentos, e conduzidos pela cidade até Feltham, perto de Heathrow. Se vocês acham que sabem o que é isso por terem assistido como eu a *Scum*, com Ray Winstone, mudem de opinião. A realidade é dez vezes pior; minhas palmas das mãos e testa estavam encharcadas de suor e passei o trajeto inteiro morto de medo. A viagem durou quarenta minutos e certamente me caguei por todo o caminho até lá.

Quando por fim chegamos à prisão, fomos conduzidos a uma sala lateral, onde tivemos de esperar para ser chamados pelo nome. Todos os caras se avaliavam e dava para sentir a agressão e a testosterona latejando no ar. O buraco ali era muito, muito mais fundo.

– John Dolan – chamou um carcereiro.

Tive de sair da sala lateral e ir até um balcão, atrás do qual se sentava um policial. Dei-lhe meu endereço e outros detalhes, em seguida fui conduzido a outra sala, onde tive de entregar todos os meus pertences e trocar as roupas civis por uma camiseta azul grosseira, calças de agasalho, cuecas velhas, recicladas e meias que deviam ter sido usadas por cerca de cinquenta outros homens antes de mim. Eram grossas meias de lã, e quem não estivesse com os pés suados, fedidos ou crivados de pé de atleta e micoses, em breve estaria. Então recebi um embrulho contendo roupa de cama, um copo de plástico e alguns talheres, antes de ser levado a minha cela. Mordi o lábio, à beira das lágrimas, ao ser conduzido até lá, mas sabia que demonstrar emoção seria visto como sinal de fraqueza, e eu não podia ser considerado um alvo fácil naquele lugar. Quando cheguei a minha cela simples no térreo, eu era um número, um código de barras sendo processado.

Logo descobri que estava cercado de elementos que cumpriam pena por assassinato e assalto à mão armada; homens realmente violentos, com os quais eu me apavorava só de olhar. A única ocasião que passei algum tempo longe de President House foi durante minha estadia no Hospital Barts; para mim, não fazia sentido o fato de ser forçado a compartilhar celas com sujeitos que haviam cometido crimes muito mais graves que o meu.

A rotina e o ambiente logo se tornaram familiares, o que não tornava aquele um lugar mais fácil de se viver. O constante cheiro de desinfetante nunca me saía das narinas, e eu não conseguia me acostumar com a comida, que era absolutamente nojenta. Quando nos serviam batatas cozidas, as chances eram de que, das quatro que recebíamos, duas seriam comíveis e as outras duas, duras como tijolos. Éramos alimentados três vezes ao dia, mas eu nunca sentia vontade de comer, pois não fazia nada durante o dia que me abrisse o apetite.

Os dias passavam muito devagar. Não havia TV e a cela não tinha nada. Tudo com o que podíamos nos entreter era um rádio AM, que eu havia pedido que Dot me enviasse pelo correio, ou livros da biblioteca. Como já mencionei, atrasei-me no que diz respeito à leitura. Só aprendi a ler aos dez anos de idade, quando o diretor da escola primária Morland encarregou-se de mim e de outras cinco crianças que haviam ficado para trás no sistema. Ele nos retinha de três às quatro e meia da tarde e nos ensinava em seu gabinete de trabalho. Tornei-me um leitor assíduo na prisão, e fui capaz de apreciar várias histórias de guerra, assim como dezenas de autobiografias.

Nunca peguei um lápis ou caneta para desenhar enquanto estive em Feltham. Aquilo sequer me ocorreu. Cumprir pena suga a vida das pessoas, e eu não tinha um pingo de energia criativa no corpo.

Ouvi uma briga feia na cela vizinha certo dia e preocupei-me com o rapaz que estava ali, pois seu companheiro de cela era um imenso brutamontes. Achei que ele estaria em mau estado, mas quando o vi na fila do jantar mais tarde, sem um arranhão, fiquei chocado, para não dizer aliviado. Investiguei e descobri, por outro detento, o que havia acontecido.

– Um carcereiro queria o Rolex do grandalhão – explicou ele. – O rapaz conseguiu o relógio para ele em troca de proteção e 22 quilos de maconha.

Não vi o grandalhão no jantar naquela noite. Pelo jeito, estava na unidade médica. Era possível obter *cannabis* ali se a pessoa soubesse como, mas eu tinha decidido não tornar minha vida ainda mais complicada do que já estava, e deixei a maconha em paz, o que não foi difícil quando me acostumei. Ainda assim, recordo de ter ficado surpreso ao descobrir que, na realidade, alguns dos próprios carcereiros eram os fornecedores de *cannabis*, o que mostra o quanto era ingênuo na época.

Um de meus companheiros de cela era um espanhol que falava um inglês entrecortado e me pareceu bastante decente quando o conheci. Isso, porém, não significava nada. Eu estava aprendendo rápido que tudo é possível na prisão, que não se devia acreditar piamente em nada nem em ninguém.

– Por que você está aqui? – perguntou ele primeiro.

– Fraude. Seis meses por usar cadernetas de poupança roubadas enviadas pelo correio.

Ele pareceu aliviado, mas um tanto desconfiado.

– Tem certeza? Só isso?

– É, eu sei. E você?

Eu desconfiava que ele fosse me enganar, mas o sujeito não se conteve e pareceu muito orgulhoso de seu crime. Mostrou-me o registro da acusação, que era a única maneira de se ter certeza de que a pessoa estava dizendo a verdade, e o registro indicava que ele estava cumprindo pena por ter explodido alguém em um ataque terrorista do ETA.

– Essa é nova para mim – disse eu, tentando não demonstrar meu choque, e foi esse o fim do papo.

Conversamos a respeito de muitas outras coisas à medida que os dias se passavam; música, livros e o que talvez fizéssemos quando saíssemos. Na realidade, ele era muito boa companhia e eu estava mais satisfeito em dividir a cela com ele do que com alguém preso por alguma facada ou agressão aleatória, como muitos dos outros detentos. Sentia-me seguro com ele, desde que nunca discutíssemos a independência basca, o que, curiosamente, eu não sentia vontade de fazer.

Em muitas noites, ouvíamos distúrbios ao longo do corredor e descobríamos no dia seguinte que algum pobre rapaz havia tentado cortar os pulsos ou se enforcar, ou havia sido espancado pelo companheiro de cela até ficar coberto de hematomas. Eu nunca dormia bem; acho que teria me sentido mais despreocupado cochilando no meio da toca dos leões no zoológico de Londres do que naquele lugar.

Para concluir minha sentença, fui conduzido em outra sauna à prisão de Rochester, em Kent, um lugar muito pior que

Feltham, sobre o qual realmente prefiro não falar. Tenho más recordações daquele lugar. Quando por fim devolvi minhas roupas de prisioneiro e minhas meias fedidas, pensei comigo mesmo: "Nunca mais quero ter problemas com a lei. Nunca, nunca mais."

Nesse quesito, a sentença havia cumprido seu objetivo, ou assim parecia. Eu estava firme no sentido de me manter na linha e nunca mais ver o interior de outra prisão enquanto vivesse. Saí rumo à luz do sol no verão de 1990 sentindo-me realmente muito grato por minha liberdade e ansioso para dar início ao restante de minha vida.

Capítulo onze

Às vezes olho para George e desejo ser um cão. Ele fica ali sentado, sem se preocupar com nada no mundo, coçando o saco e olhando para mim com ar irônico, como se dissesse: "Vida dura, não é, seu estúpido?"

Enquanto isso, faço desenho após desenho, trabalhando em encomendas e novos projetos, escrevo este livro e me preparo para minha próxima exposição.

– Você não sabe o que significa uma vida dura – digo a George, que nunca afasta os olhos de mim. É a coisa mais incrível o modo como ele não para de me olhar direto nos olhos. Como se guardasse uma carga preciosa. Há um ar de inquietação ali, como se ele achasse que estou prestes a quebrar.

George sabe que não estou querendo dizer que ele tenha tido uma vida fácil, pois com o tempo vim a saber mais a seu respeito e seu passado foi tão conturbado quanto o meu.

Moramos juntos na quitinete da rua Royal Mint por nove meses e a cada dia que eu passava com ele, ele me impressionava com algo novo. Eu queria ter certeza de que ele nunca mais tornaria a correr para a rua ou perseguir gatos, portanto continuei a adestrá-lo durante nossas longas caminhadas. Ele era esperto e um incidente em particular incentivou-me a pressioná-lo ainda mais. Fazia algumas semanas que vínhamos saindo para passear sem a guia de George. Não era o ideal, mas com meu tornozelo, eu realmente me esforçava para controlá-lo e me equilibrar nas muletas, então por fim deixei a corrente em casa. Acabávamos de sair do apartamento e George caminhava poucos metros a minha frente. Quando dobramos a esquina, dois agentes do apoio comunitário nos pararam. Não pareciam muito satisfeitos.

– Senhor, o senhor tem que manter esse cachorro na guia – disse um deles com severidade. – Ele é perigoso demais para andar solto. Se ele não puder andar com a guia, vamos ter que levar o cachorro. Entendido?

Eu entendia, mas não tinha muita escolha. Não conseguia caminhar e manter George na guia ao mesmo tempo. Era impossível.

Na vez seguinte que saímos, conservei-me atento aos agentes, mantendo George o mais perto de mim possível, mas assim que nos aproximamos do parque local, George disparou, como sempre fazia. Nesse instante, mais adiante na rua, em uma passagem subterrânea, avistei a jaqueta amarela de alta visibilidade e soube que estava encrencado. Os agentes caminhavam em nossa direção e tive certeza de que tirariam George de mim. Eu não vira para onde ele tinha corrido e fiquei enlouquecido de pânico, chamando-o pelo nome tão alto quanto me atrevia. Senti algo macio me roçar a perna e percebi que George havia se aproximado em silêncio e caminhava o mais próximo possível de mim. Não vi de onde ele veio e tenho certeza de que ele não pode ter me ouvido chamar, mas era como se soubesse que precisava voltar naquele exato momento. Nossos passos estavam subitamente em sincronia, e da forma como minhas muletas moviam-se, ele quase parecia estar preso à guia! Quando passamos pelos agentes, dei um pequeno aceno e um "bom-dia". Quando eles sumiram de vista, George tornou a disparar em direção ao parque. Tudo que consegui enxergar foi sua língua para fora enquanto ganhava velocidade.

Depois disso, intensifiquei o adestramento, transformando-o em um jogo. A primeira lição foi ensiná-lo a sentar no meio-fio e mantê-lo ali até que eu desse o comando. Ele continuava muito irrequieto e impaciente, e como estávamos passando mais tempo juntos na rua, eu precisava que ele conseguisse sentar e que permanecesse sentado. Se movesse um músculo sem meu comando, eu batia com a muleta no chão e falava com voz brava, para que ele recordasse o que acontecia quando se comportava mal. Assim que o tive sob controle, decidi colocá-lo à prova. Levei-o a um cruzamento e mandei-o sentar no meio-fio. Quando pedi-lhe que se movesse com voz normal, ele avançou junto comigo. Quando chegamos à ilha no meio da rua, dei-lhe novo comando com voz firme para que se sentasse. Repetimos dez vezes esse processo, indo e voltando, atravessando a rua no mesmo grupo de sinais. Não dei a mínima ao que os curiosos pensavam de mim. George era um aprendiz muito rápido e parecia estar de fato empenhado, como se desejasse ouvir e aprender.

A disciplina que demonstrei a ele começava a dar certo, e pouco depois seu verdadeiro caráter brilhava. Foi-se o George medroso, acanhado e nervoso. Lá estava um animal orgulhoso, cheio de eletricidade e imensos olhos brilhantes. Sua felicidade era minha felicidade.

Certo dia, eu estava em Tower Gateway quando um jovem policial aproximou-se e pôs-se a me repreender com severidade. Este é um dos riscos ocupacionais de mendigar na rua. Ninguém deve fazê-lo e, mesmo que muitos policiais apenas peçam à pessoa que siga em frente em lugar de levar a questão mais adiante, é sempre possível topar com o diferente, que ameaça com uma ordem de dispersão quando a pessoa não se afasta. George começou imediatamente a rosnar e a mostrar os dentes para o jovem policial. "Maldito burocrata", pensei.

"Você tirou as palavras da minha boca", dizia-me o olhar de George. O policial por fim seguiu seu caminho, com minhas promessas de não voltar ecoando nos ouvidos, e dei em George uma palmada de leve no traseiro.

– Só uma palmada porque você foi bom. Vai ganhar duas amanhã se for mau.

Eu precisava ensiná-lo a não rosnar assim para as pessoas, sobretudo policiais, mas ao mesmo tempo fiquei muito satisfeito com seu comportamento. O episódio demonstrou que George se sentia suficientemente acomodado comigo para querer me proteger.

Nas noites de quinta e sexta-feira, comecei a parar na Bishopsgate com George, perto de um pub chamado Dirty Dicks. O lugar era muito alegre e movimentado, mas a essa altura George era um trunfo, não um estorvo em meio a muitas pessoas. Sentava-se imóvel como um objeto, mesmo quando os cães da polícia de Bishopsgate passavam. Os transeuntes perguntavam se podiam acariciá-lo, e em nove entre dez vezes, eram eles que entabulavam a conversa, o que tornava a tarefa de mendigar bem mais agradável.

– Onde você conseguiu esse cachorro? – perguntavam as pessoas, acariciando-lhe o focinho redondo. – Há quanto tempo ele está com você? Como se chama?

Eu conversava alegremente com elas e elas sempre me davam alguns trocados antes de dizer adeus. Faziam questão de dizer que era para George, mas não me importava, era para nós.

Vários meses mais tarde, eu estava mendigando diante de um posto de gasolina em East End, com George sentado ao meu lado. Ele estava muito bem adestrado a essa altura e eu precisava apenas erguer a voz e rosnar "George. Não se ATREVA", para que ele permanecesse obedientemente ao meu lado. Ele atendia a todos os meus comandos nessa época.

– Aqui, companheiro, é o George? – ouvi uma voz perguntar. Era uma voz arrastada com sotaque escocês. Mesmo que nunca a houvesse escutado, a voz era de alguma forma familiar; fiquei imediatamente de sobreaviso e agarrei com força a coleira de George.

– Esse cachorro era meu. Alguma chance de você me devolver?

Eu mal conseguia acreditar em meus ouvidos.

– Repete isso, amigo.

– Eu disse que esse é George e ele era meu cachorro...

– Não vou devolver o cachorro – disse eu, interrompendo-o. – Você vendeu o animal pelo preço de uma lata de cerveja, está lembrado? Então me faz um favor e cai fora!

Lancei-lhe meu mais duro olhar de canalha, o tipo de coisa que havia visto o tempo inteiro na prisão, e tive o cuidado de não gaguejar. Eu sentia que estávamos com problemas.

Dessa vez ele foi direto até George.

– George, garoto, está me reconhecendo? Está reconhecendo o seu antigo pai? Você vai ter que ficar com o tio Chick por alguns dias.

Eu estava fervendo de raiva, mas tentei me conter.

– Isso não vai acontecer, parceiro. Ele é meu. Você vendeu o cachorro, agora cai fora e não se dê o trabalho de voltar.

Mas George não manifestou reação alguma à menção ao "tio Chick". Continuou imóvel, exatamente do jeito que eu o havia treinado. Parecia até mesmo um pouco entediado. Era difícil descobrir o que estava pensando.

– Ele se lembra de mim – disse o escocês, parecendo meio desesperado. – Olha para ele, lembra do antigo pai, não lembra, George?

– Ele está bem adestrado, só isso – disse eu. – Ele é meu cachorro agora, parceiro, e sabe se comportar. Agora faça um favor e desapareça. Está ouvindo? Nunca mais quero tornar a ver a sua cara.

– Certo, entendido, amigo – disse ele por fim, mas não acreditei.

Logo após nosso encontro, fui informado na rua que o escocês iria tentar me roubar George. Quando tomei conhecimento disso, senti-me doente até o âmago. O pensamento de perdê-lo era insuportável. Eu mantinha os olhos abertos o tempo inteiro. Sempre que saíamos para passear, eu conservava George por perto e olhava em torno para ver quem vinha atrás de mim. Sou o tipo de pessoa que se aferra às questões e acordava enlouquecido de pânico, achando que George tivesse sido roubado. Quando via que ele estava dormindo na dobra de minha perna ou largado aos meus pés, era como se ganhasse na loteria. A essa altura, eu estava completamente apegado a ele e não conseguia imaginar a vida em sua ausência.

– Você está bem comigo, filho – dizia eu. – Vou cuidar de você. – E protegeria George até o fim do mundo; era assim que eu me sentia.

Prometi a George que a próxima vez que eu visse o tio Chick seria a última. Não demorou muito para que tivesse de cumprir a promessa.

Estávamos sentados em nosso local, próximo à estação do metrô de Tower Hill certa tarde, quando ele se aproximou de nós.

– Como vai o velho George hoje? – começou o sujeito. Eu não estava gostando nada daquilo.

– Me escute e preste bastante atenção. Tenho um taco de beisebol com o teu nome escrito nele. Se tornar a ver você, vou usar o taco. Está entendendo o que estou querendo dizer ou vou ter que mostrar?

– Tudo bem, parceiro...

– Entendeu bem o que eu estou dizendo? – perguntei, com mais calma do que sentia.

– Tudo bem, parceiro, o cachorro é seu...

E depois de coçar George sob o queixo, ele se foi. Felizmente, nunca mais ouvimos falar do tio Chick.

Enquanto escrevo isso, uma coisa ainda me intriga, e foi a forma como George reagiu a ele. Quem não soubesse, pensaria que George teve vida fácil. No fundo, eu sabia que George não tinha tido essa sorte; sabia que ele havia passado por maus momentos em algum ponto ao longo de sua trajetória. Tive de esperar vários meses mais para descobrir a verdade a respeito do passado de George.

Certo dia, descendo a rua Columbia, um sujeito parou quando nos viu diante de uma das lojas.

Parecia ter reconhecido George.

– Aposto que o nome dele é George – disse, estendendo a mão. – E eu sou Fred, por sinal. Prazer em conhecê-lo.

George nada fez que indicasse que o reconhecia, mas Fred parecia legal e nem um pouco ameaçador. Eu queria ouvir mais.

– Sou o criador de George – explicou Fred. – Ele gerou uma ninhada de filhotes, mas a fêmea não deixava George se aproximar deles. Toda vez que se aproximava, ela atacava, e foi como ele conseguiu aquele corte na orelha.

Eu soube que Fred estava sendo totalmente verdadeiro nesse instante, pois o corte na orelha de George era pouco visível e ninguém saberia que estava ali, a menos que realmente procurasse. Era empolgante descobrir mais a respeito de George. Ele fizera tanto por mim e eu continuava com sensação de que ele me conhecia melhor do que eu a ele. Ao mesmo tempo, senti que começava a ficar ansioso, principalmente caso Fred tentasse pegá-lo de volta. Ele pôs-se a explicar que sua filha desejava um filhote, mas ele não queria lhe dar nenhum da ninhada de George, pois sua filha tinha um problema com drogas e ele sabia que ela simplesmente venderia o cachorro para conseguir dinheiro para se drogar. Ele deu-lhe George em vez disso, pois a fêmea o estava fazendo passar maus momentos.

– O que aconteceu depois disso? – perguntei.

– Não sei. Tive outros dois staffordshire na minha época, que saíram caçando raposas e nunca mais voltaram, mas não acho que tenha sido o que aconteceu com George. Um dia, fui à casa de minha filha e ele não estava, mas ela não tinha uma explicação boa o bastante para o que aconteceu. Só pude imaginar que tivesse vendido o cachorro para alimentar seu vício em drogas.

Aquilo explicava muita coisa; o motivo pelo qual George era tão nervoso no início, e por que havia se tornado tão leal a mim quando comecei a adestrá-lo adequadamente. Até onde eu sabia, George tinha tido pelo menos três donos antes de Becky e Sam, e nenhum deles o havia tratado da forma devida. Todos os cães criam laços fortes com quem quer que cuide deles, e é muito difícil quando estes laços são permanentemente rompidos, sobretudo para um cão novo como George. Além disso, o fato de não serem adestrados, e não conhecerem as regras, gera insegurança adicional.

Assim, por mais que eu hoje implique com George por ser um sacana preguiçoso que não presta para nada e tem vida fácil, digo isso com um toque de ironia. Ele teve um início de vida difícil. Ambos sabemos o que é se sentir solitário, rejeitado e inseguro, e acho que nos entendíamos.

– Então você quer George de volta? – perguntei a Fred com um nó na garganta.

Ele havia sido muito honesto comigo e eu precisava saber o que estava pensando a essa altura.

– Não, nem sonhando, amigo. Ele parece bem. Está bem adestrado e bem alimentado. Fique com ele. Você merece.

– Fico feliz em ouvir isso! – disse eu. – Ele é a única coisa que já amei.

"Babaca sentimental", veio a réplica – não da parte de Fred, mas de George, que olhava para mim como se eu houvesse perdido o juízo.

Jackie (à direita) e eu com um dos amigos de Jackie.

Jackie cuidando do seu irmão mais novo.

Eu, aos cinco anos, sentado sob a janela da sala de estar no President House.

Da esquerda para a direita: meus irmãos Malcolm e David, minha irmã Jackie, Dot, meu tio Danny, a namorada de Danny e Gerry.

John Button, meu futuro cunhado, e eu, por volta dos dez anos.

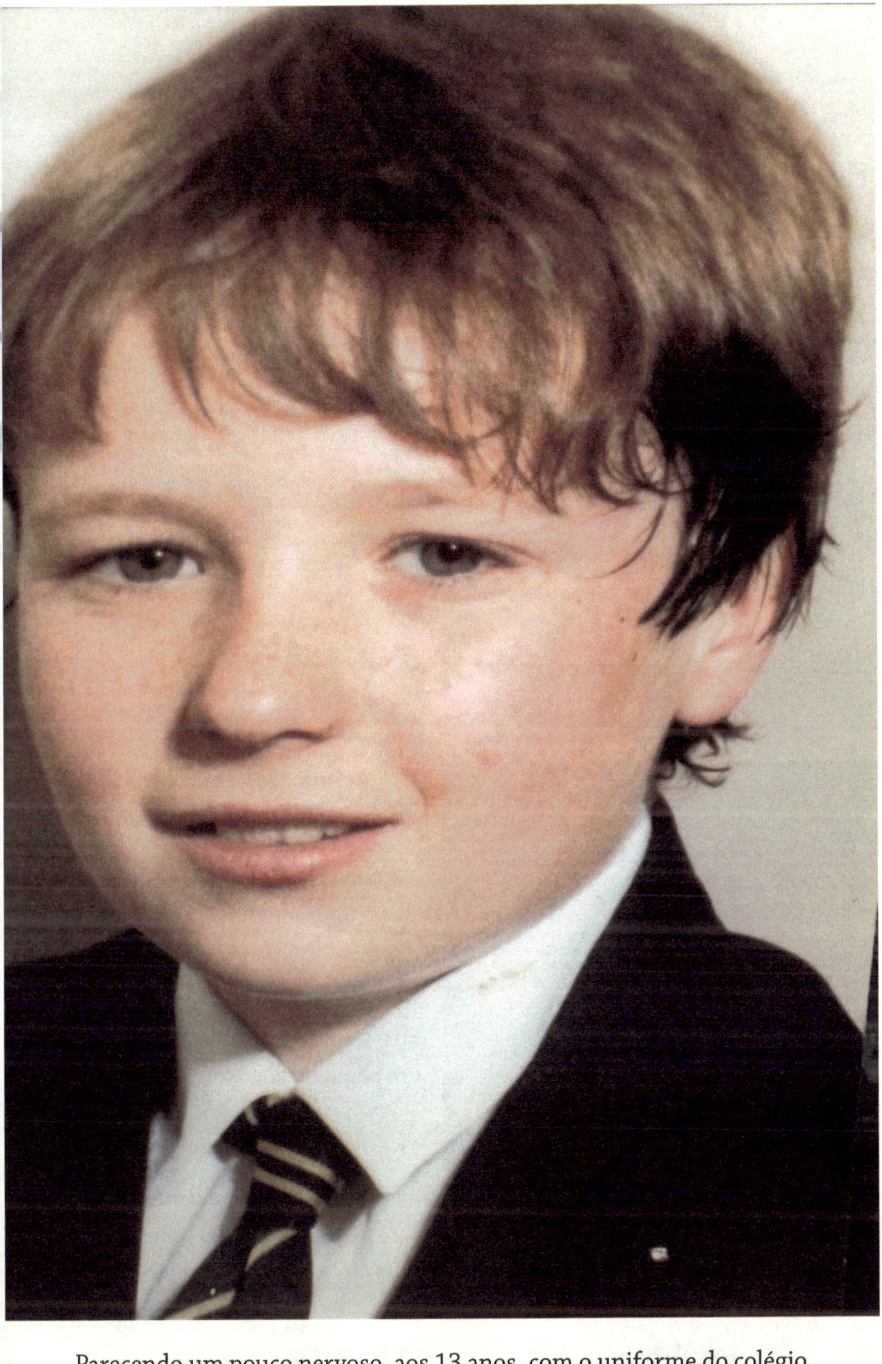

Parecendo um pouco nervoso, aos 13 anos, com o uniforme do colégio.

Acima: Descendo a rua Bethnal Green, tentando acompanhar George.

Acima, à esquerda: Sentados na rua Shoreditch High, no começo.

Eu e George trocando um pequeno sorriso.

Ao lado, acima: Em casa com George. Meio bagunçado, mas melhor que as ruas!

Ao lado, embaixo: Passando algum tempo ao ar livre em um banco de parque, tendo George como companhia.

Indo para o escritório. A pasta era o que eu usava como apoio para meus desenhos.

Acima: Outro dia na High Street, com George na frente com seu copo e eu desenhando.

Ao lado: Um típico desenho da rua Shoreditch High, com uma pequena mensagem no outdoor.

Um bilhete que George escreveu para os transeuntes no mercado de flores da rua Columbia. Ele tem boa caligrafia.

Esquerda: Meu primeiro desenho decente de George. Fiquei muito orgulhoso dele.

Embaixo: Um dos últimos dias que passei com meu bom amigo Les.

Ao lado, acima: Meu tributo a Stik. Um desenho da rua Rivington, com alguns de seus trabalhos artísticos nas paredes.

Ao lado, embaixo: A Shoreditch vista de cima. Desenhei isso no alto da Broadgate Tower.

YCN.72
ALARMED

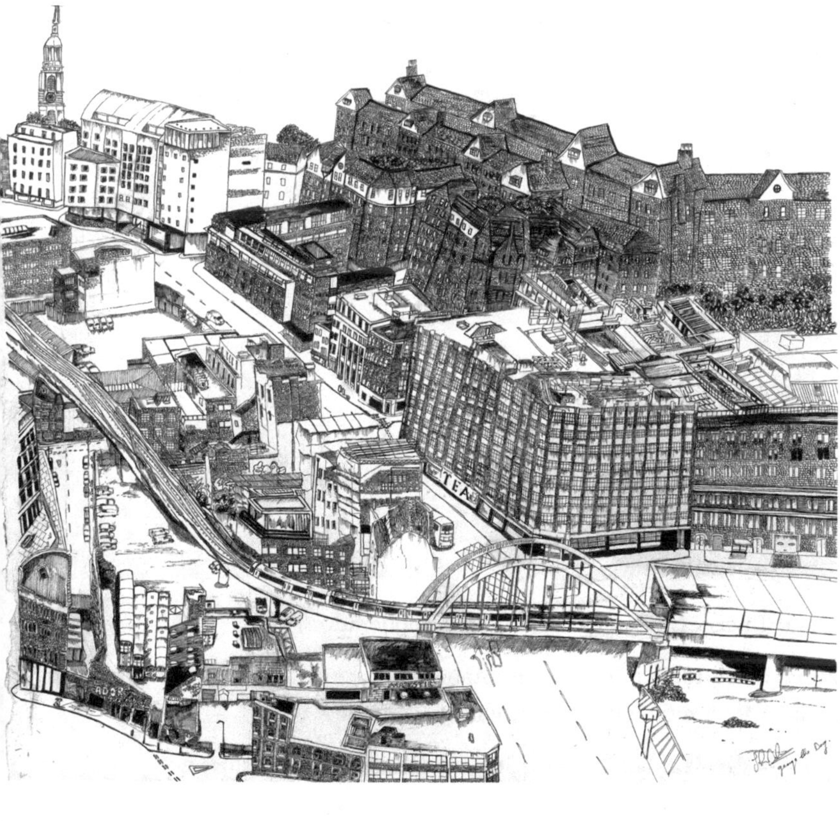
TEA

Acima: Thierry Noir trabalhando como coloborador.

Acima, à esquerda: ROA me orientando. George estava de olho no sanduíche em sua mão direita. Filho da mãe guloso.

Acima, à direita: Eu, George e Stik, comemorando a conclusão do meu desenho.

Acima: Um mural de ROA em Bethnal Green. Adoro os trabalhos dele.

Embaixo: Um detalhe da colaboração realizada por Thierry Noir e ROA.

Acima: Colaboração de Sever.

Embaixo: Colaboração de Rowdy.

Acima: Colaboração de Cityzen Kane.

Embaixo: Colaboração de Stik.

George posando diante de uma colaboração dos Broken Fingaz.

Griff empenhado no dia da inauguração, pendurando alguns desenhos.

George vigiando as preciosas obras de arte da exposição antes que as portas se abrissem.

A fila cresce fora da galeria. Perto da hora da abertura.

Recebendo aplausos com Stik e George.

No alto: Examinando minha obra em minha melhor pose de artista.

Acima: A exposição estava lotada e acabou sendo um sucesso maior dc que eu jamais poderia ter imaginado

Capítulo doze

– Você não pode voltar para cá – disse Gerry.

Ele me olhava direto nos olhos, como se realmente falasse a sério. Eu havia saído da prisão com uma pequena sacola contendo meus pertences e tomado um trem direto para o President House. Sabia que Dot e Gerry não pendurariam bandeirinhas, mas com certeza não esperava ser categoricamente rechaçado desse jeito. Os dois haviam me visitado em várias ocasiões durante o período em que estive longe, e em nenhuma das vezes me disseram que eu não seria bem recebido na volta.

– Mamãe está aí? – perguntei, o pânico crescendo em meu peito.

– Dorothy! É John quem está na porta.

Gerry continuava a bloquear a porta da rua, deixando claro que eu não pisaria ali dentro, e Dot surgiu por trás dele, parecendo meio agitada e torcendo nervosamente o avental com as mãos. Compreendi, naquele instante, que ela ficaria ao lado de Gerry. Senti o sangue gelar.

– Desculpe, John, mas seu pai está certo, você não pode mais ficar aqui. É simplesmente impossível...

Dot parecia arrasada e até mesmo Gerry parecia um pouco abalado por trás do olhar duro.

– Bem, e o que é que eu vou fazer? Não tenho nenhum outro lugar para ir.

– Você devia ter pensado bem nisso antes de ter sido preso – rosnou Gerry. – Não pode dizer que eu não avisei várias vezes. Quantas vezes eu disse que você seria terminantemente expulso se não se emendasse?

– Seu gordo idiota – deixei escapar.

Eu nunca o havia tratado assim e ele ficou lívido.

– Some daqui e não volta nunca mais, seu filho da mãe ingrato.

Alguns vizinhos ouviram o tumulto e saíram para o corredor para ver o que estava acontecendo. A pobre Dot não sabia o que fazer. Eu não queria tornar a situação ainda mais difícil para ela do que já era.

– Tudo bem, se é assim que vocês querem – retruquei em tom ríspido. – Vejo vocês por aí.

Girei, afastei-me e ouvi a porta da rua bater atrás de mim. Minha garganta apertou tanto que alguém parecia estar me estrangulando. Percorri o corredor e desci a escada aos prantos, afastando-me de meu lar de infância.

Eu precisava de um lugar para passar a noite. Pensei em pedir a Jackie, Malcolm ou David, mas todos os meus instintos me diziam para deixá-los fora daquilo. Todos eram casados a essa altura e tinham uma vida estável e feliz. Eu já havia lhes causado aborrecimento suficiente para toda uma existência, e aparecer em sua porta pedindo uma cama para passar a noite teria sido realmente ridículo. Quanto a bater na porta da casa de amigos, não era o que eu queria. Como já mencionei, eu não havia sido criado para recorrer às pessoas de chapéu na mão.

Atordoado, perambulei pelo condomínio por algum tempo, e então embarquei no primeiro ônibus que vi, que por acaso seguia em direção a West End. Sentei no andar inferior aos prantos, sem me importar com quem olhava para mim. Uma senhora me ouviu fungar e me lançou um olhar compassivo, o que fez com que me sentisse ainda pior. Eu soluçava como um bebê diante de todos no ônibus lotado. Não vi para onde me dirigia e ignorei todas as paradas, pois não tinha destino nenhum em mente. Comecei a entender que era um desabrigado. Aquilo me acertou em cheio na viagem. Eu tinha 19 anos, estava recém-saído da prisão e era um sem-teto fodido.

Embarquei no ônibus seguinte, segui na direção oposta e saltei em King's Cross, pois havia muitas pessoas desabrigadas ali. Não tinha plano algum; apenas me sentia muito só e queria fazer contato com outros seres humanos. Um sujeito viu em que estado eu me encontrava e veio falar comigo.

– Qual é sua idade? – perguntou. Quando respondi que tinha 19 anos, ele disse que eu deveria procurar um local chamado Alone in London [Sozinho em Londres], que ficava na rua Pentonville e recebia sobretudo adolescentes como eu.

– Levo você até lá se quiser.

– Posso chegar lá sozinho – disse eu.

– Não me importo de mostrar o caminho. Não tenho mais nada para fazer.

Concluí que ele era confiável; o tempo na prisão havia me conferido um bom olho para sujeitos espertos e ele não parecia um deles. Estava apenas tentando ser útil a uma pessoa em necessidade, que é como muitas pessoas desabrigadas se comportam. Elas sabem o que é estar no fundo do poço.

As palavras na placa do Alone in London haviam sido escritas em azul sobre um fundo preto crivado de estrelas e luas. Só de olhar me senti deprimido.

– Tudo bem, amigo, pode me deixar aqui – eu disse ao sujeito. – Muito obrigado pela preocupação.

– Sem problema. Boa sorte, filho. As coisas vão melhorar – disse ele quando nos separamos.

Ali fora sozinho, senti-me incapaz de colocar um pé diante do outro. Simplesmente não consegui entrar; não estava tão desesperado assim, não ainda. Tinha de haver uma opção melhor.

Engoli meu orgulho e acabei por ficar na casa de alguns amigos por cerca de uma semana. Acho que fingia que ia voltar ao President House assim que Gerry houvesse se acalmado, embora soubesse que isso não aconteceria. Eu não queria admitir para ninguém, nem para mim mesmo, o quanto havia decaído.

Podia não ter um teto naquela primeira noite, mas aquilo não era permanente e eu não precisava circular com uma placa na cabeça, contando a todos o que havia acontecido. Tinha condições de me recuperar muito rápido – era o que eu dizia a mim mesmo e no que queria acreditar. Conseguiria um emprego e então encontraria um lugar para morar. Era esse o meu plano.

Poucos dias depois, passei na casa de Jimmy Dolan e pedi trabalho, pois ele havia sido bom para mim no passado e achei que era esse o melhor lugar para começar. Quando Jimmy viu em que estado eu me encontrava, tive de confessar que Gerry havia me expulsado e contei toda a história sobre estar dormindo no chão e no sofá da casa de amigos. Jimmy ofereceu-se não só para me dar trabalho na loja de móveis, como para me ajudar a encontrar moradia.

– Você sabe que eu te receberia, John, mas não dá, com a família e tudo o mais... – disse ele. Fiquei grato por isso sequer ter-lhe passado pela cabeça. Jimmy tinha mulher e filhos que mal me conheciam, e eu nunca teria me imposto a sua família desse jeito.

Jimmy me levou de carro ao Centrepoint, um abrigo para sem-teto na avenida Shaftesbury. Subimos uma velha escadaria de ferro forjado empastada de merda de passarinho que fedia a podre. Passei pela porta e entrei em uma sala sem divisórias. Havia alguns sofás, uma TV velha, máquinas para preparar chá e rapazes espalhados por toda parte, apenas conversando e jogando xadrez ou cartas. Fiquei chocado ao ver o quanto pareciam relaxados e felizes; eu não podia me sentir mais arrasado por estar ali.

Jimmy mencionou, antes de partir, que o Centrepoint seria apenas por uma noite, duas no máximo. Iríamos ao Conselho de Islington pela manhã, e ele tinha certeza que assim que explicássemos a situação, receberíamos a ajuda necessária.

Na primeira noite no Centrepoint, chorei na frente de todos. Esta é minha recordação permanente. Lembro-me de estar deitado em uma pequena cama de solteiro, desejando poder voltar para casa e brincar com Butch ou assistir à TV, apenas fazer coisas normais. Não me parecia real estar naquele lugar, mesmo depois do período que passei em Feltham. Eu tinha a sensação de que aquilo estava acontecendo com outra pessoa.

Jimmy me pegou de carro no dia seguinte e no seguinte, e acabamos por percorrer todo tipo de escritórios de abrigos e receber evasivas. Por fim, depois de passar horas na fila em certo local, deram-me o endereço de uma meia-pensão em King's Cross, a qual o Conselho pagaria para que eu me hospedasse em caráter temporário.

– Ele pode entrar para a lista da habitação social? – perguntou Jimmy.

A mulher atrás da escrivaninha praticamente riu na nossa cara.

– Pode, mas a lista de espera é de sete anos. A menos que ele fique grávido – disse ela, tentando fazer piada. – Aí ele pode passar à frente da fila. – Nenhum de nós riu.

A meia-pensão ficava no arco do distrito da luz vermelha de King's Cross e era uma verdadeira merda, mas eu disse a mim mesmo, e a Jimmy, que não seria por muito tempo e logo conseguiria alguma coisa melhor. Havia baratas no banheiro, compartilhado com outras sete pessoas, e meu companheiro de quarto era um quarentão que fedia a suor. Não era o paraíso.

Logo descobri que as pessoas que administravam o suposto "hotel" eram decididamente a pior parte da experiência. Senhorios como eles recebiam do Conselho centenas de libras por semana por cada pessoa que hospedavam, portanto enchiam os bolsos. No entanto, seus "hóspedes" eram tratados como a escória da terra, as regras da casa eram estabelecidas com vara de ferro, e eles produziam todo tipo de fraudes no livro para tentar tirar o último centavo das pessoas. Certa manhã, no café, uma senhoria grego-cipriota que tive a infelicidade de conhecer alinhou dez de nós hóspedes como se estivéssemos diante de um pelotão de fuzilamento. Então percorreu a fileira, abordando cada pessoa individualmente.

– Você vai me pagar imposto comunitário! – exigiu, embora não tivesse o direito de pedir dinheiro adicional, visto que o aluguel que o Conselho lhe pagava incluía essa taxa.

Argumentamos até ficar roxos, mas ela expulsou todos os que não pagaram, inclusive eu. Era a mesma história em muitas outras pensões, e infelizmente fiquei em uma longa lista de espeluncas durante esse período de minha vida.

Mesmo quando os proprietários não eram absolutamente tirânicos, sempre recebíamos um pé no traseiro às dez todas as manhãs, em geral após nos terem atirado um ovo e uma salsicha borrachuda. Via de regra, não nos permitiam retornar antes das oito da noite, o que é um espaço de tempo infernalmente longo para preencher. Na maioria dos dias, eu fazia algum trabalho para Jimmy, mas ele não precisava de mim em tempo integral. Sempre me dava uns trocados, tudo o que levava consigo, no entanto, muitas vezes, eu passava metade do dia sentado fumando maconha. Havia voltado a fumar a essa altura e ficava feliz em deixar que as horas escoassem.

Quando não estava trabalhando para Jimmy, eu procurava outras maneiras de me entreter. Como já sabia da época de matar aula na escola, não é fácil manter-se ocupado nas ruas o dia inteiro com um dinheiro curto e precioso no bolso. Por vezes, comprava um bilhete diário e dava voltas e mais voltas na Linha Circular, apenas vendo o mundo passar. Ou ia até o Museu Britânico e perambulava pelas exposições. Na verdade, qualquer coisa. Havia dias em que embarcava em um ônibus e ia até Parliament Hill Fields, onde apenas me sentava durante horas nos bancos, pensando em como minha vida havia chegado a tal ponto.

Foi uma época incrivelmente solitária em minha vida. Criei coragem para visitar Dot e Gerry certo dia, cerca de três meses depois da última vez em que os havia visto. Eu continuava louco de raiva com Gerry por haver me expulsado, mas não queria perder totalmente o contato com eles; suportar isso, acima de tudo, teria sido demais.

– Está tudo bem, só estou fazendo uma visita – disse eu quando Dot atendeu à porta. – Pode dizer ao velho sacana que não vou ficar.

Dot me deixou entrar, disse que estava satisfeita em me ver e perguntou o que eu andava fazendo. Gerry recusou-se a falar comigo, mas com dificuldade. Demonstrei otimismo, mencionando o trabalho na loja de móveis de Jimmy e explicando que tinha um teto sobre a cabeça. Acho que não entrei em detalhes nem expliquei que o teto não parava de mudar e que eu estava muito longe de me sentir instalado.

– Que bom que você chegou a algum lugar – disse Dot. – Já limpei o seu quarto, por falar nisso. Não guardei nada porque nenhuma das roupas ia caber em você. Vá dar uma olhada se quiser. – Não me dei ao trabalho. Para quê? Mesmo que Dot tivesse guardado alguma coisa que eu quisesse – como alguns de meus desenhos de infância – eu não ia começar a carregar um monte de porcaria velha em uma mochila por toda parte.

A saúde tanto de minha mãe quanto de meu pai havia começado a decair por volta dessa época, o que era outro motivo para eu não querer me afastar por muito tempo. Dot havia sido diagnosticada com câncer vários anos antes, embora tenha feito um bom trabalho subestimando-o para início de conversa e, por muito tempo, nunca pareceu estar doente. Dot tinha o que nos referíamos na família como problemas "lá embaixo", o que significava câncer de ovário. Nunca conversava a respeito e não discutia seu tratamento; ou isso ou eu era muito novo para perceber pelo que ela estava passando logo que foi diagnosticada. De qualquer forma, agora entrava e saía do hospital, e pela primeira vez parecia de fato muito doente. Tinha o rosto cansado e estava muito mais magra que da última vez em que eu a vira. Fiquei preocupado.

– Como vai a saúde? – perguntei.

É linda a vista de Londres em Parliament Hill Fields. Sentava-me ali durante horas com meus pensamentos.

– Não muito ruim – respondeu ela. – Mas também não está boa, John. – Ela me olhou nos olhos ao dizer isso, querendo passar a mensagem. Não falou mais nada, mas era evidente que seu estado era grave.

Gerry também estava em más condições. Havia desenvolvido uma asma tardia e por sua respiração ter-se tornado tão difícil, teve de parar de trabalhar. Tinha pouco menos de cinquenta anos quando abriu mão do trabalho, mas a partir daí, passava a maior parte do tempo sentado em casa, apenas vegetando. Bebia uma garrafa esporádica de sidra ou uma lata de Guinness, mas na maioria das vezes somente se sentava no sofá, assistindo à TV e bebendo litros de chá ou garrafas de Coca-Cola e limonada. Praticamente só saía para as consultas médicas, e nem mesmo passeava com Butch quando não havia ninguém por perto para isso. Gerry era um desses homens que nunca ia ao médico a não ser que não tivesse escolha, mas David o havia visto em muito mau estado certo dia, tossindo e com o peito chiando, e havia chamado uma ambulância. Verificou-se que um dos rins de Gerry estava funcionando mal, e o tratamento de diálise que ele fazia a essa altura o havia deixado mais irritado e ranzinza que nunca. Quando olhou para mim, vi o ressentimento fervendo em seus olhos.

– Não precisamos de mais nenhum problema – advertiu ele quando deixei o apartamento naquele dia.

Não permaneci por muito tempo. A noite estava amena e sentei-me em um banco no parque King Square. Quando olhei ao redor de meu local preferido, a época do caminhão das brincadeiras e do esconde-esconde estava viva em minha mente, mas parecia igualmente ter ocorrido muito tempo atrás. Eu era adulto agora, no mundo real, e estava descobrindo o quanto a vida era de fato difícil.

Não tive energia nem motivação para voltar a minha última pensão, portanto me deitei no banco com o casaco sob a cabeça e fui dormir. Não era muito confortável, mas a noite estava clara e eu ao menos podia contemplar as estrelas. O melhor de tudo, ali não havia nenhuma bruxa velha fazendo discursos nem nenhum velho fedorento roncando na cama ao lado.

Na manhã seguinte, não senti a menor vontade de voltar à pensão. Concluí que dormir na rua era a melhor opção, mas obviamente não queria fazer isso em meu antigo bairro. Não queria que meus amigos me vissem naquele estado. Eu já tinha sido preso enquanto estavam todos arranjando empregos ou estabelecendo-se com as namoradas e agora, além disso, era um sem-teto. Sentia-me envergonhado e, à parte qualquer outra consideração, simplesmente achava que não conseguiria mais me relacionar com meus velhos amigos, pois nossa vida havia seguido caminhos diferentes. Por esses mesmos motivos, continuei afastado de Jackie, Malcolm e David. Eu já havia me mostrado o irmão mais novo rebelde; tornaria a fazer contato com eles quando houvesse me recuperado e tivesse alguma coisa de que me orgulhar, o que eu não achava que estivesse longe.

Saí para fazer um reconhecimento pelas redondezas mais tarde naquele dia, à procura de um lugar para dormir onde não fosse visto nem encontrado por absolutamente ninguém, e por fim me deparei com o local perfeito. Era um Volvo abandonado atrás de um conjunto habitacional na rua Commercial, arrombei-o e passei a noite ali.

Assim como no banco do parque, foi um alívio não ter de aturar os proprietários que havia encontrado nas pensões. A desvantagem era não ter o café da manhã para me preparar para o dia. Na manhã seguinte, roubei um sanduíche no Safeway, e em pouco tempo estava acordando cedo para ver se conseguia furtar a comida que era entregue ao comércio local.

Havia uma fábrica na rua Euston, perto do Teatro Shaw, e ao raiar do dia eu parava em frente a ela, observando as entregas dos alimentos para a cantina. Passava por ali justo quando os carrinhos eram descarregados das vans e roubava um litro de leite e alguns croissants quando os entregadores viravam as costas. Em pouco tempo, pequenos furtos tornaram-se minha segunda natureza. Quando meus sapatos começavam a ficar meio gastos, entrava na M&S na rua Oxford e experimentava um par novo em folha. Era a única loja onde eu sabia que os pés direito e esquerdo ficavam em exposição e, nessa época, não tinham etiqueta antifurto. Eu saía com sapatos novos, deixando para trás os velhos tênis surrados. Fazia o mesmo na Gap com suéteres e casacos, depois ia ao McDonald's ou ao Wimpy e gastava as poucas libras que levava no bolso, provenientes do trabalho com Jimmy Dolan, para comprar uma xícara de chá. Demorava-me tanto quanto podia, até que os funcionários começassem a me lançar olhares atravessados, dando a entender que eu estava abusando de sua hospitalidade.

Dormi no Volvo por alguns meses, até o inverno iniciar e eu começar a me preocupar em morrer de frio durante o sono. Havia adquirido alguns cobertores e casacos, portanto continuei por lá o quanto pude, pois aquilo ainda parecia um luxo comparado à pensão. Por mais estranho que pareça, eu não queria abrir mão da privacidade. Havia conhecido vários outros desabrigados na estação de King's Cross a essa altura, pois ia até lá quando me sentia só. Conviver com pessoas na mesma situação que eu sempre me proporcionava um toque de conforto. Lembro-me de estar em um café em frente a King's Cross certo dia quando uma forte aclamação percorreu a estação.

– O que está acontecendo? – perguntei ao desabrigado sentado ao meu lado.

– Não sei, companheiro. Vamos descobrir.

Era 23 de novembro de 1990; quando saímos, fomos informados que Margareth Tatcher havia renunciado. Não vi um único sem-teto que não estivesse comemorando naquele dia. Todos partilhávamos o mesmo desprezo pela Dama de Ferro. Para os desafortunados, era ela a pessoa que tirava dinheiro dos pobres para dá-lo aos ricos; ficamos satisfeitos de vê-la pelas costas.

De vez em quando, eu ainda trabalhava um pouco para Jimmy, mas não o suficiente para cuidar de mim mesmo da forma adequada. Não tive escolha a não ser reivindicar ajuda financeira, e isso doeu. Eu estava admitindo a derrota e reconhecendo que não conseguia caminhar com meus próprios pés. Nasci em uma família de gente batalhadora, e pedir ajuda do Estado era a última coisa que eu desejava fazer.

Serviço cinco estrelas no Volvo. Quem me dera!

Um amigo desabrigado mencionou o albergue da rua Dock, perto da Tower Bridge, e com a chegada do inverno, e o Volvo cada vez mais frio, fiz uma tentativa. O lugar era tosco, mas pelo jeito não tão ruim quanto as pensões em King's Cross. Era grande e sinistro, com mais ou menos trezentos quartos para homens e mulheres, e no passado havia sido usado por marinheiros por cerca de oitenta anos, quando as docas eram operacionais. Havia duas salas de TV, um imenso salão de jogos com uma mesa de sinuca de tamanho normal, que parecia ser retalhada com faca sempre que a consertavam, e além disso um amplo refeitório, cenário de muitas brigas entre os moradores e, por vezes, entre os funcionários.

Conheci algumas pessoas boas ali, algumas estranhas e outras loucas. Havia um sujeito africano chamado Príncipe que contava a todos os moradores que era um príncipe de verdade e que assim que voltasse para casa seria rei de sua nação ou tribo – não lembro exatamente. E me recordo que o chef de cozinha, Jeff o Chef, como o chamávamos, usava uma peruca muito óbvia da qual todos tirávamos sarro.

Foi também lá que conheci um cara animado chamado Legsy, extremamente divertido e uma companhia muito boa. Contou-me que morava com a mãe na rua Commercial, mas gostava de ficar no albergue. Não demorou muito para que eu notasse que Legsy parecia dispor de muito dinheiro para gastar para quem não tinha emprego.

– Qual é seu segredo? – perguntei quando vim a conhecê-lo um pouco melhor.

– Assalto ao comércio – respondeu ele com uma piscadela.

– Está falando sério?

– Muito sério. Eu nunca arrombaria casas. Não quero fazer isso. Mas as lojas e os cafés... eles ganham bom dinheiro. Com sorte, faço três mil em uma noite.

Legsy contava boas histórias, ainda que eu achasse que provavelmente exagerava; mas não havia como negar que ele tinha muita grana. De qualquer forma, o albergue era principalmente repleto de pessoas como eu, cuja vida não ia a lugar nenhum tão cedo. Quase todo mundo estava desempregado, muitos devido à bebida, às drogas ou a problemas mentais. Ninguém se sentia indesejável como em certos locais em King's Cross, mas o albergue estava longe de ser um bom lugar para morar.

Capítulo treze

– Sra. Ryan, a senhora pode vir até a porta de joelhos e com as mãos na cabeça?

Passava um pouco das cinco da manhã de 15 de dezembro de 1991, dois anos após minha prisão por fraude nas cadernetas bancárias. Dot estava sozinha no apartamento do President House, pois Gerry havia sido conduzido ao hospital com insuficiência renal.

– Quem é? O que está acontecendo? – perguntou ela. Havia sido acordada pelo som das batidas na porta e estava meio adormecida e confusa.

– É a polícia. Precisamos conversar com a senhora. Repito, Sra. Ryan, por favor venha até a porta de joelhos com as mãos na cabeça.

– Não posso – retrucou Dot. – Tenho câncer. Estou com muita dor.

Houve uma pausa, e em seguida o policial gritou:

– Tudo bem, sra. Ryan, acenda todas as luzes e abra a porta.

Quando abriu a porta da rua para o ar noturno enregelante, Dot reparou em dois policiais armados mais adiante, na entrada do corredor. Um deles estava ajoelhado, apontando um revólver em sua direção, ao passo que o outro carregava uma metralhadora semiautomática e encontrava-se de pé atrás do companheiro, também apontando a arma para Dot.

– O quê...? – Dot olhou ao redor assustada e chocada quando cruzou a soleira da porta para ver o que estava acontecendo. Isso foi um grande erro, pois assim que estava do lado de fora, na galeria, a porta foi fechada às suas costas e não lhe permitiram tornar a entrar. Os policiais informaram que estavam ali para revistar o apartamento, mas tinham de esperar pela permissão de alguém de alto escalão na Scotland Yard antes de entrar. Nesse meio-tempo, Dot foi forçada a ficar de pé no corredor, tremendo, chorando e gelada até os ossos. A polícia deixou de apontar as armas em sua direção quando ficou claro que ela não representava uma ameaça, mas continuou em alerta e a situação era incrivelmente tensa.

– Não posso simplesmente entrar para vestir alguma coisa mais quente? – implorou Dot ao policial que a vigiava.

– Acho que não.

– Então alguém pode me passar alguma coisa mais quente? Estou morrendo de frio aqui!

– Não, a senhora vai ter que esperar aí até termos terminado nosso trabalho.

– O que vocês estão procurando?

– Não posso dar essa informação.

– Isso tem alguma coisa a ver com meu filho John?

– Não posso dar essa informação.

Passou-se uma hora inteira antes que os policiais recebessem permissão para entrar e revistar o apartamento. Antes que entrassem, Dot informou à polícia que Butch estava lá dentro sozinho e que era muito velho.

– Por favor, não machuquem o cachorro – implorou.

A polícia levou apenas cinco minutos para inspecionar o apartamento e decretar que eu não estava ali. Sim – era a mim que eles estavam procurando, como sempre.

Assim que a polícia partiu, Dot por fim desabou na cama, traumatizada, congelada e agarrando o estômago em agonia. Mais tarde, veio à tona que tinha havido um assalto à mão armada em uma banca de jornais em Smithfield, no qual o sujeito atrás do balcão havia recebido um golpe de pistola, e a polícia desconfiou que eu houvesse tomado parte no roubo. Eles alegaram que cães farejadores no local captaram meu cheiro, conduzindo-os ao apartamento. A única "arma" que encontraram naquele dia foi uma pistola Derringer de largada que eu possuía desde criança. Fazia tanto tempo que ela estava em cima do freezer que se achava recoberta por uma grossa camada de poeira.

Na última vez em que a havia visto, eu havia dado a Dot um número de telefone para me ligar caso precisasse fazer contato com urgência. Foi como vim a tomar conhecimento de tudo o que aconteceu no President House naquela noite.

– Não chegue perto do apartamento – disse Dot. Estava zangada e preocupada, e mesmo ao telefone percebi que se encontrava à beira das lágrimas. – Fica longe daqui.

– O que você quiser – prometi. – Vou fazer o que você está dizendo. Sinto muito, mãe, muito mesmo.

Dot acabou no hospital dois dias mais tarde, pois estava sofrendo muito com as dores de estômago. Tanto ela quanto Gerry continuavam hospitalizados no Natal, semanas depois. Na ocasião, pensei que fosse Gerry quem talvez não sobrevivesse, visto que a essa altura estava em diálise em tempo integral.

Se eu achava que minha reputação na família não podia afundar ainda mais, estava enganado. Meu nome era lama, não só para Gerry e Dot, mas também para meus irmãos. Malcolm e David estavam furiosos e recusavam-se a ter qualquer coisa a ver comigo; nem mesmo Jackie conseguia encontrar palavras boas para dizer a meu respeito, por mais que tentasse.

Quando o Ano-Novo chegou, a família foi informada pelo médico de Dot que era pouco provável que ela tornasse a voltar para casa. O câncer havia se tornado agressivo, e sua saúde havia se deteriorado rapidamente durante a estadia no hospital. Na última vez em que a vi, mal consegui me conter. Ela parecia tão frágil. A mulher alegre e cheia de vida com quem cresci havia desaparecido. Uma das últimas coisas que Dot me pediu foi:

– John, você vai ter que voltar para casa para cuidar do seu pai.

Até o fim, Dot pensou nos outros. Poucos dias depois, morreu. Tinha apenas 52 anos.

O funeral foi devastador. Trezentas pessoas comprimidas na igreja, inclusive amigos e colegas de todos os locais em que ela havia trabalhado, vizinhos antigos e pessoas de toda King Square. Ninguém tinha uma palavra indelicada a dizer sobre Dot.

Pouco depois, voltei para o apartamento. Já havia permanecido lá por curto tempo antes de Dot morrer, sobretudo para cuidar de Butch, com Gerry ainda no hospital. Era estranho estar sozinho em casa, vendo a cadeira em que Dot costumava sentar e seu avental ainda pendurado em um gancho na cozinha. Embora fosse agradável passear com Butch pelo velho condomínio, eu não queria estar ali.

Gerry sabia que era desejo de Dot que eu voltasse para cuidar dele. Também sabia que precisava de ajuda e não conseguia se arranjar sozinho. A alternativa teria sido ir para um lar de idosos, mas ele era orgulhoso demais para permitir que isso acontecesse. Pensei que seria fácil cuidar dele. Pensei errado.

Gerry realmente desistiu da vida após a morte de Dot. Deve ter sido muito difícil perdê-la. Ainda que se passassem semanas sem que sequer se falassem, eles dependiam da companhia um do outro e haviam criado um forte vínculo. Gerry sentia muita falta de Dot.

Depois que ela morreu, ele passava os dias inteiros sentado em casa, lendo os jornais e fazendo palavras cruzadas. Em seguida, assistia à TV, lia alguns livros e tirava uma soneca. Nos vinte anos anteriores, Dot havia feito tudo para ele – todas as tarefas, toda a comida, todos os trabalhos domésticos – e desde o início, herdei tudo isso. Mas nada que eu fazia era bom o suficiente, e ele deixava claro todos os dias o quanto se ressentia de minha presença ali.

– O que você está fazendo aqui, seu filho da mãe preguiçoso? – era a primeira coisa que ele dizia pela manhã.

– Por que você está dormindo, seu filho da mãe preguiçoso? – perguntava se eu me atrevesse a fechar os olhos e tirar uma soneca no sofá.

– Que merda é essa? – dizia ele, não importava o que eu lhe servisse. – Seu maldito inútil! Não consegue nem preparar uma xícara de chá decente.

Era cansativo e desolador, mas depois do jeito que eu havia deixado as coisas com Dot, não queria arruinar meu relacionamento com Gerry e persisti o quanto pude.

– Por que você não sai para dar uma volta? – perguntava eu. – Vem levar Butch para passear comigo.

Butch estava com dez ou 11 anos a essa altura e tinha começado a diminuir a marcha.

– A gente pega leve. Só uma volta no quarteirão.

– Não, vou ter um ataque de pânico – dizia Gerry.

– Se tiver, a gente volta.

– E se eu desmaiar?

– Isso não vai acontecer. Eu cuido de você.

– Você não ia ter ideia do que fazer! Seu filho da mãe inútil. Agora cai fora e me deixa em paz. Não saio daqui.

O único ar fresco que ele pegava era quando parava perto da janela aberta. Quanto mais ficava sentado sem fazer nada, mais sua saúde se deteriorava e mais amargo e cáustico se tornava. Malcolm, David e Jackie por vezes apareciam com os filhos, e Gerry sempre lhes dizia que eu era um filho da mãe inútil e miserável. A essa altura, Malcolm estava casado e tinha duas filhas, Angel e Jessie, e um filho chamado Jack.

David também estava casado e tinha uma filha, Vicky, e dois garotos chamados Joe e John, ao passo que Jackie tinha duas meninas chamadas Natalie e Emily.

Quando nos visitavam, Malcolm e David conseguiam apenas me cumprimentar. Não os culpo em absoluto. Eles achavam difícil me perdoar pelo que havia acontecido a Dot. Eu era efetivamente a ovelha negra da família. Em geral, escapulia para meu quarto sempre que eles apareciam, pois era mais fácil para todos se eu saísse do caminho.

Eu continuava a me sustentar com assaltos e entrava e saía de lojas de rua com mercadorias roubadas. A essa altura, Gerry sabia o que eu andava fazendo; não era necessário ser gênio para deduzir, com todas as roupas e sapatos espalhados pelo apartamento. Às vezes, Gerry me fazia perguntas, como se estivesse genuinamente interessado, mas ele era imprevisível. Eu nunca sabia se ia gostar da história, o que por vezes ocorria, ou voltar-se contra mim com uma tirada de insultos por ser um "ladrãozinho safado".

As oportunidades de realizar "trabalhos" mais sérios logo começaram a se apresentar, sobretudo pela minha ligação com Legsy, o sujeito que eu conhecera no albergue da rua Dock. Vínhamos passando cada vez mais tempo juntos e encarregando-nos de trabalhos que por vezes chegavam a pagar cinco mil libras. Roubávamos lugares como restaurantes, alfaiatarias, armazéns; quaisquer locais com sistemas de segurança duvidosos e onde não houvesse chance de ninguém – além de nós – se ferir. Aquilo era ridiculamente fácil e havia se tornado um vício. O prazer do arrombamento e a adrenalina que percorre o corpo são semelhantes a qualquer droga – perigosos e em geral nocivos à saúde. Vim a considerar os assaltos ao comércio uma autorização para imprimir dinheiro, mas, em retrospectiva, deveria ter parado enquanto estava por cima.

Legsy e eu por fim fomos pegos roubando uma loja Dunkin' Donuts próxima à estação Embankment, quando o segurança do prédio em frente nos viu pela janela e chamou a polícia. Tomamos conhecimento do fato no instante em que a loja escura como breu foi inundada pela luz azul intermitente do primeiro carro da polícia que chegou ao local.

Legsy sempre me incutiu a ideia de que se nos pegassem, eu não deveria resistir à prisão. Tinha de colocar as mãos sobre a cabeça e estendê-las para as algemas quando me pedissem para fazê-lo.

– Seja respeitoso – Legsy havia dito. – Você consegue fiança se se comportar. Os sargentos nas delegacias não dão a mínima para assaltos a lojas, mas a situação é outra se você der trabalho ao policial encarregado da prisão.

Fiz exatamente o que Legsy me havia dito, pois a última coisa que queria era voltar para a cadeia.

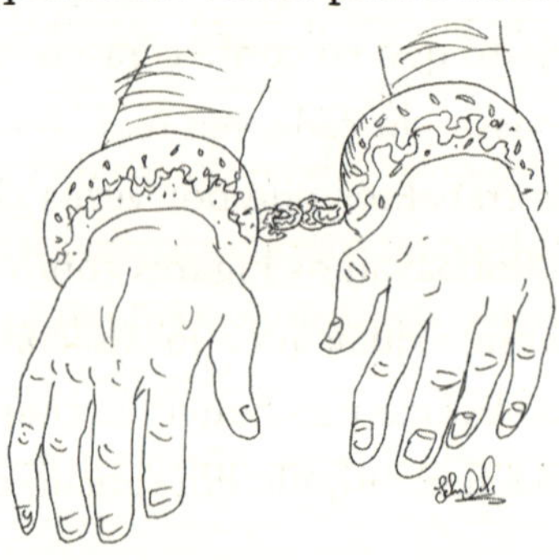

Que donut!

Capítulo catorze

Durante boa parte de meus vinte anos, a prisão de Pentonville tornou-se minha casa. Fui enviado para lá após o roubo da Dunkin' Donuts e depois entrei em uma espiral de criminalidade. Passava três meses preso, saía, cometia mais assaltos, tornava a ser preso, então voltava para a prisão. Era um círculo vicioso cuja saída eu não conseguia encontrar.

A cada estadia na prisão, deixava minha dignidade na porta ao passar pela rotina degradante de entregar minhas roupas e pertences. Quando me mostravam a cela, sentia o mesmo mal-estar na boca do estômago que havia sentido como adolescente de 18 anos assustado em Feltham. Eu parecia estar entrando em um pesadelo, sabendo muito bem que não acordaria tão cedo. O problema era que não eram nem a ganância nem o fato de querer as boas coisas da vida que me motivavam. Os assaltos haviam se tornado um estilo de vida. Eu não possuía mais nada. Continuava cuidando de Gerry, que estava mais irritado que nunca, e solitário após a morte de Dot. Sair com Legsy em incursões noturnas tornava tudo mais suportável. A emoção que sentia nos roubos nunca me abandonou. Todas as vezes em que estava procurando o dinheiro ou a chave de algum cofre em um café ou loja, eu vibrava. Adorava a sensação, assim como a ideia de estar cagando para a polícia. Não tinha nada a ver com dinheiro.

Pentonville ficava na rua Caledonian, ou Cally, pouco acima da rua em que cresci, e era famosa por receber criminosos de todos os tipos. Havia assassinos, estupradores e toda sorte de gente – todos os crimes imagináveis haviam sido cometidos pelos detentos de Pentonville.

Meu primeiro companheiro de cela ali foi um irlandês grandalhão que tinha os pés mais fedidos que já encontrei na vida. Não tínhamos televisão nem rádio, e todos os dias pareciam uma semana. Ele dormia na cama superior do beliche, pendurava os pés fedorentos sobre a borda e os deixava flutuar ao redor de meu rosto. Eu sentia vontade de vomitar, mas, mais que isso, queria lhe acertar um soco em cheio na boca.

A rotina era entorpecente, mas acho que era isso que eles pretendiam, nos dar bastante tempo para pensar no que havíamos feito. A porta da cela era aberta às 8:30 da manhã por vinte minutos, e saíamos para caminhar pelo corredor, filar um cigarro ou trocar revistas com outros detentos. Às nove, quem estivesse no que era chamado de "destacamento de trabalho" era enviado a uma oficina da prisão para realizar serviços frustrantes e enfadonhos, tais como colocar pedaços de esponja naqueles fones de ouvido descartáveis distribuídos nos voos. Quem não estivesse trabalhando tinha a opção de se instruir caso houvesse vaga em algum curso que desejasse fazer, como informática ou matemática. Os cursos eram minha salvação. Inscrevia-me em tantos quanto conseguia. A vida na prisão sem nada para fazer me fez apreciar a janela na casa de Gerry. O fato de a qualquer momento poder abri-la para sentir o ar fresco. Na prisão não nos proporcionavam esse luxo. Eu estava preso e não iria a parte alguma tão cedo.

Decidi me desintoxicar. Parei com a maconha, que havia fumado praticamente todos os dias desde a última vez que saí da prisão e tentei reduzir os cigarros, pois havia começado a fumar demais; pelo menos vinte por dia. Gerry me enviava dez libras por semana enquanto eu estava preso. Não conseguia me visitar, o que não me surpreendia, mas apreciei o gesto, pois ele deve ter travado uma batalha interna por isso, pela forma como me desprezava.

– Eu sempre disse que você não prestava para nada – rosnou ele quando descobriu que eu ia para a cadeia. – Seu merda inútil. Como é que eu vou me arranjar? Você não pensou nisso, pensou?

Era verdade. Eu não havia pensado naquilo, pois não achava que acabaria na prisão. De qualquer forma, afastar-me e deixar Gerry se virar sozinho foi outra grande mancha negra em meu nome no seio da família.

Certo dia, entregaram duas pranchetas novas em nossa cela. A essa altura, fazia cinco anos que eu mal pegava em um lápis ou caneta, e realmente tinha permitido que minha arte definhasse. Desenhar simplesmente não parecia importante, com tudo que estava me acontecendo na vida – a falta de moradia, a morte de Dot e os constantes maus-tratos por parte de Gerry – e na prisão, quase toda energia criativa desaparece devido ao tédio contínuo. Nesse dia, porém, sentia-me um pouco mais otimista que de costume e peguei uma caneta e comecei a rabiscar. Não tinha nada em mente no início, mas gostei da sensação da caneta na mão e as lembranças de minha atração de infância por quadrinhos voltaram. Era como se eu estivesse no piloto automático e depois de poucos minutos fazendo esboços, alguma coisa começou a tomar forma na prancheta. Insisti, perdendo-me no processo criativo e em menos de quinze minutos, produzi meu primeiro desenho em meia década: uma luta de mãos nuas do século XIX. Inspirei-me em uma publicação que havia visto em uma das bibliotecas poucos dias antes: *Gin Lane*, de William Hogarth. Lembro-me de ter olhado para o desenho e me sentido como os dois homens na luta. A vida, para mim, era uma grande luta de boxe e por enquanto eu estava perdendo.

Um carcereiro chamado sr. O'Brien passou por acaso pela cela naquele dia e meu trabalho chamou sua atenção. Ele entrou e foi direto até a prancheta para dar uma boa olhada no desenho.

– Gostei – disse, com admiração. – É um desenho muito bom!

Sua reação me pegou de surpresa, sobretudo porque não nos permitiam pendurar nada nas paredes.

– Obrigado – disse eu. – Não desenho nada há anos.

Enquanto ele contemplava o que eu havia produzido, vi um sorriso se espalhar por seu rosto, e soube que ele havia de fato gostado.

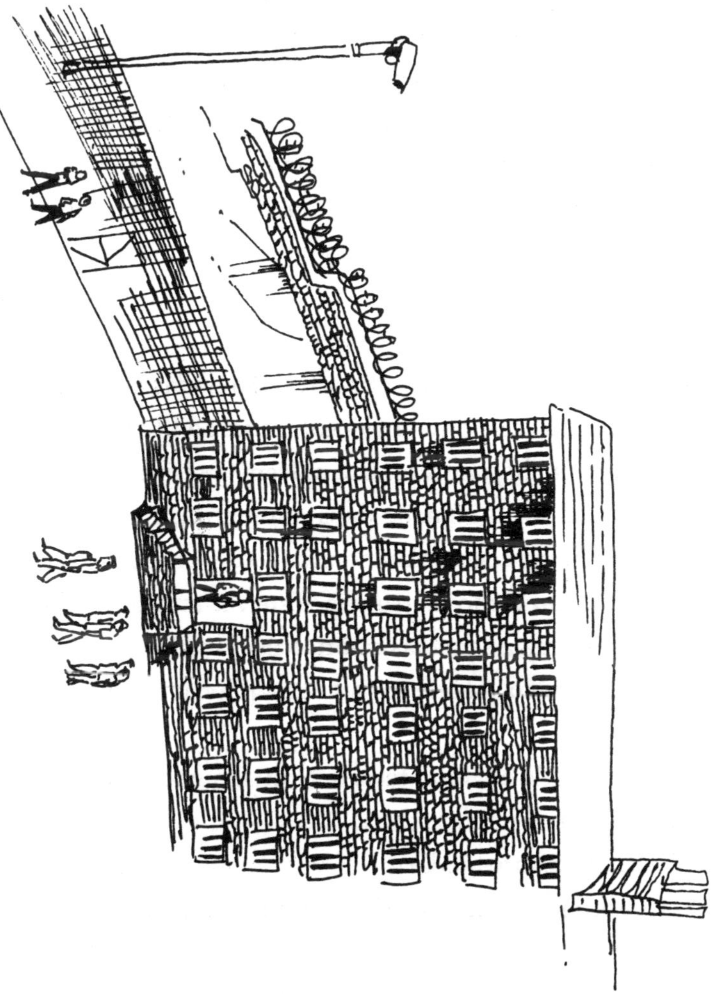

Detentos caminhando no pátio de Pentonville.

– Fique com ele – disse eu. – Um dia vai valer muito dinheiro!

O desenho continuou na prancheta quando deixei a cela, e nunca esqueci o comentário. Foi o que reacendeu minha paixão por meu trabalho e me fez acreditar que ainda poderia ter sucesso como artista algum dia.

Mas esse dia ainda estava longe, pois na época eu tinha prioridades mais urgentes. A primeira era sobreviver à prisão, em seguida sair e, por fim, a mais difícil, ficar longe dela. Eram meus únicos objetivos na vida.

Eu não sabia quase nada sobre drogas pesadas até ser transferido para uma cela com um viciado chamado Tommy. Quando os detentos chegam à prisão, sofrem a retirada abrupta da droga; não havia unidade de tratamento para drogados em Pentonville na época. Começamos a conversar, Tommy e eu, e, pelo modo como ele tremia e suava, muito rapidamente deduzi que fazia semanas que não usava nada.

– Escuta, você pode me ajudar aqui, companheiro? – implorou ele.

Eu era todo ouvidos; teria feito qualquer coisa para não ter de vê-lo sofrer daquele jeito.

– Como posso ajudar?

– Você pode me cortar? – perguntou ele, em tom lamentoso.

– Que conversa é essa? – retruquei.

– Se você cortar meu pulso para mim, posso ir para a ala do hospital.

– Se você cortar o seu próprio maldito pulso, pode ir para a ala do hospital!

– Mas eu não consigo fazer isso sozinho.

– Por que não? – perguntei. – E por que eu faria isso?

Ele me estendeu sua lâmina de barbear e não desistiu.

– Tudo bem – disse eu. – Mas só vou fazer um corte superficial. Você precisa ficar parado. Nada de se mexer agora.

Tommy estendeu o braço e desviou o olhar enquanto eu tentava fazer uma incisão longa, mas sem importância, em seu braço. A ideia era gerar sangue suficiente para que ele fosse levado à ala hospitalar sem lhe causar uma lesão séria. Arrastei longitudinalmente a lâmina sobre seu antebraço, do cotovelo à parte de trás do pulso, para não danificar nenhuma veia. Mal apliquei pressão e apenas rasguei a superfície da pele, mas de repente o braço de Tommy se abriu como a tampa de uma lata de feijões sob a ação de um abridor. Ele estava literalmente rasgado até o osso.

Ambos gritamos de horror e, abalado, cortei minha mão esquerda, que começou a sangrar. O sangue fluía de meu corte muito mais rápido que do de Tommy. Seu braço parecia alguma coisa passível de se ver sobre a bancada de um açougueiro, mas quase não havia sangue.

Descobri mais tarde que seu corpo reagiu dessa forma porque ele havia injetado tantas vezes no braço que a pele estava incrivelmente fraca. De qualquer forma, esqueça a síndrome de abstinência; Tommy agora corria pela cela aos gritos. Tive de envolver seu braço com uma toalha para acalmá-lo enquanto batia na porta da cela e pedia ajuda.

– Esse filho da puta idiota cortou o braço – disse eu quando os carcereiros chegaram correndo.

Tommy foi conduzido a um hospital externo, pois o corte era muito profundo. Alegou que tentara se suicidar e levou cinquenta pontos. Quando retornou à prisão poucas semanas depois, seus olhos estavam vidrados e seu rosto exibia um ar de zumbi, pois a essa altura os médicos da prisão o estavam enchendo de Valium e antidepressivos. Tudo o que Tommy queria era ficar chapado, então me consolei com o fato de que provavelmente, no final das contas, fiz-lhe um favor.

Entre minhas sentenças, a vida não estava melhorando muito. Era ótimo ter a liberdade de volta, claro, mas retornar ao apartamento sempre me enchia de pavor. A saúde de Gerry piorava gradativamente, e ele estava se tornando cada vez mais agressivo. Sempre que voltava, eu sabia que estava sujeito a ainda mais insultos.

– Que diabos você está fazendo aqui? – perguntava Gerry. – Não preciso de você, seu maldito desperdício de espaço. Cai fora!

Por vezes, eu dormia o dia inteiro e não conseguia encarar sair do apartamento. Todos os amigos com quem tinha crescido haviam partido e eu não conhecia mais ninguém no bairro. Muitos deles deixaram Londres, mas havia vários, como eu, que acabaram na cadeia.

Butch estava chegando ao final da vida e eu sabia que precisaria sacrificá-lo. Esse pensamento me aterrorizava. Butch estava em minha vida desde que eu era um garoto de dez anos e, embora eu nem sempre tenha comparecido, ele havia sido uma presença constante e feliz. Às vezes olhava para Butch, do modo como faço agora com George, e imaginava o que estaria pensando ou contava-lhe o que tinha em mente.

– Não se preocupe com ele, ele é um filho da mãe infeliz – dizia quando Gerry chutava Butch para longe e eu o tirava do apartamento para que ele desse uma respirada. – Gerry não teve intenção. É um homem velho e doente. Não deixe que isso te chateie.

Butch me olhava nos olhos e eu gostava de pensar que ao menos ele era meu aliado, mesmo que ninguém mais na família suportasse me ver.

Butch achava-se tão velho e doente que nos aproximávamos do momento em que o mais humano seria sacrificá-lo. Quando chegou o dia de levá-lo ao hospital, eu não tinha dinheiro para o táxi, portanto nosso último percurso foi feito de ônibus. Carreguei Butch nos braços e sentei-me com ele atravessado no colo. Eu temia o que estava prestes a acontecer e, à medida que o ônibus se aproximava do hospital veterinário em Holloway, não conseguia parar de pensar no fato de que ficaria sozinho com Gerry. Não sabia como viveria sem Butch.

Minha última lembrança de Butch é a do veterinário recolhendo-o de forma desajeitada na dobra do braço para levá-lo para a injeção final. Percebi que Butch estava com dor, com as patas fora do chão balançando sem jeito; ele me lançou um longo olhar antes que o veterinário desse as costas e cruzasse a soleira da porta. Retribuí o olhar, contemplando pela última vez meu amigo e companheiro de 14 anos. Foi a última vez que o vi. Tenho certeza de que ele também sabia que aquele era seu dia derradeiro, o que foi tão doloroso para mim que não suportei ficar ao seu lado durante o último suspiro. Vou estar presente quando chegar a hora de George; já decidi. Só espero que seja daqui a muitos anos.

Dizer adeus a Butch foi um dos dias mais tristes de minha vida. Eu não estava preparado. Meu animal de estimação de infância havia partido e, com ele, outra pequena parte minha parecia ter morrido. Eu contava 24 anos de idade, estava só e sentia que não tinha absolutamente nada por que viver.

Saí do apartamento poucos dias mais tarde para caminhar por alguns dos locais que gostava de visitar em criança. Por fim, dei por mim na Brick Lane, pensando em todas as visitas que havia feito aos mercados famosos de Londres quando garoto e em todas as histórias que escutara a respeito de fraudes e trapaceiros ao longo dos anos.

"A vida não para", pensei enquanto vagava pelas ruas familiares. Mesmo que a pessoa não fizesse nada com ela, como eu, a vida tinha por hábito continuar a fluir e mover-se em direções imprevistas.

Havia um asiático de pé em uma esquina, perto de uma loja de bebês na Brick Lane, e vi pessoas se aproximarem dele. Era evidente que estava vendendo drogas, que guardava embrulhadas em papelotes dentro da boca, acomodados nas bochechas. Assim que concluía uma negociação, cuspia um papelote na palma da mão. Esses papelotes eram confeccionados com sacos plásticos cortados, dos que se compra em lojas de conveniência, daqueles com listras vermelhas e azuis. As listras eram cortadas em pequenos quadrados vermelhos e azuis, e cada quadrado encerrava uma colher da droga e era amarrado com um pequeno nó no final para impedir que o pó caísse. Os papelotes vermelhos continham cocaína crack, conhecida como "branca" na rua, e os papelotes azuis continham heroína, conhecida como "marrom".

O traficante de drogas conservava os papelotes na boca dessa forma porque, se a polícia aparecesse, seria fácil engoli-los. Eu nunca havia visto um traficante fazer isso e me aproximei do sujeito e perguntei:

– O que você está vendendo? – Ele respondeu que só tinha crack naquele dia e, impulsivamente, comprei vinte papelotes. Isso me custou trezentas libras, que era todo o dinheiro que levava comigo.

Eu havia cheirado um pouco de coca na casa de um amigo certa vez e gostado, e imaginei que fosse justamente do que precisava para me dar uma levantada da depressão que andava sentindo. Não me recordo de ter tido preocupações a respeito daquilo em que estava me metendo nem de me tornar viciado. Tudo em que pensei foi em deixar de me sentir tão para baixo. Aquilo funcionou como eu sabia que funcionaria, dando-me uma levantada e me permitindo fugir um pouco da realidade, que era tudo que eu queria.

Cerca de três meses mais tarde, em um dia particularmente difícil com Gerry e minha depressão, voltei ao mesmo sujeito.

– Você tem mais crack?

– Não, amigo, só tenho da marrom – respondeu ele, referindo-se à heroína.

Afastei-me a princípio, sentindo-me não apenas decepcionado mas desesperado. Por que ele só tinha heroína? Desde aquele dia na prisão com Tommy, sempre detestei heroína. Ver o quanto Tommy desejava que eu o cortasse apenas para obter algum alívio dos sintomas da abstinência me marcou.

Mas na ocasião vacilei, pois estava muito deprimido. Precisava de um estímulo químico; era como eu me sentia. Mal conseguia colocar um pé diante do outro para me afastar do traficante, e até mesmo a respiração seguinte era infernalmente trabalhosa, pois meu coração achava-se muito pesado. Com o cérebro confuso devido aos pensamentos negativos e vozes intrusivas, convenci-me a comprar uma pedra de heroína de vinte libras.

– É uma quantidade muito pequena – disse a mim mesmo. – Só vou fumar um pouco. Já usei outras drogas e não fiquei viciado. – Eu dava explicações a mim mesmo, na tentativa de justificar o que sabia que era uma decisão estúpida.

Coloquei cerca do equivalente a duas libras em papel-alumínio, acendi uma chama e fumei. Eu sabia o que fazer por ter convivido com usuários em King's Cross quando estava desabrigado. O pó tem de se transformar em resina e, quando corre pela folha de alumínio, a pessoa inala os vapores através de um tubo de papel-alumínio enrolado. Mesmo enquanto "perseguia o dragão", como isso se chama, pensava no quanto podia ser perigoso, mas estava tão desesperado por qualquer tipo de alívio para minha depressão que não me importei.

Inalei a fumaça e uma sensação de calor se irradiou, a partir do estômago, por todo meu corpo. Foi instantânea e era como se alguém estivesse me dando o maior abraço que já recebi na vida. Era um barato completamente diferente do crack. Parecia mais uma sensação de descontração, de ser puxado para trás, e adorei. Não me importava que fosse um abraço químico, além de perigoso e viciante; aquilo era exatamente do que eu precisava. Minha depressão desapareceu pela primeira vez no que me pareceram anos, e dei um imenso suspiro de alívio.

Mais tarde, felicitei-me por ter consumido uma quantidade sensata. Não fiquei dependente após essa primeira fumada. Só me senti um pouco letárgico e dolorido no dia seguinte, mais nada. Achei que tinha me dado bem.

Gerry ficou gravemente doente no inverno de 1996 e morreu em janeiro de 1997. Foi hospitalizado em uma segunda-feira e morreu no domingo, aos 58 anos. Pouco antes disso, havia deixado completamente de falar comigo, e quando foi internado, disse a todos na família que não queria me ver.

Quando fui visitá-lo na enfermaria do Royal London em Whitechapel, uma enfermeira me barrou e me proibiu de entrar.

– Deixa de bobagem – disse eu, passando por ela e encaminhando-me à cabeceira dele.

Gerry vinha perdendo e recobrando a consciência, mas havia escutado a agitação que causei. Abriu os olhos, olhou para mim e rosnou:

– O que você está fazendo aqui?

Antes que eu conseguisse responder, sua irmã surgiu às minhas costas, agarrou meu cotovelo e me fez girar:

– Vá embora, John. Você não é bem-vindo – disse.

Eu não ia discutir.

– Tudo bem, estou entendendo – retruquei baixinho.

Nem mesmo me virei para olhar para Gerry. E foi essa – a última vez que vi meu pai vivo. Gerry foi enterrado ao lado de Dot no cemitério da Cidade de Londres; viveu apenas mais cinco anos que ela.

Tive de me mudar do President House após a morte de Gerry, pois o imóvel possuía três quartos e o Conselho precisava acomodar uma família ali. Não posso dizer que tenha ficado chateado ao partir, mesmo que houvesse sido a única residência familiar em que morei. Tudo havia mudado. As lembranças de mim quando garoto, vendo minha mãe na pia da cozinha, ou atento a meu pai na janela, podiam muito bem ter pertencido a outro mundo. Todas as minhas recordações de infância tinham sido ofuscadas pelos problemas dos últimos anos.

Fui reacomodado em um apartamento de um quarto em Macclesfield House na rua Lever, mas consegui bagunçar isso também. Perdi o imóvel ao atrasar o aluguel e não comparecer à audiência de reintegração de posse por estar em Pentonville, para outra curta estadia.

De forma lenta porém segura, meu consumo de heroína havia aumentado. De fumar uma vez a cada três meses em quantidades cada vez maiores, passei a usar a droga uma vez por mês, então uma vez a cada três semanas, depois duas e assim por diante. Aos 28 anos, tinha o vício duas vezes ao dia.

No início, sempre voltava à droga à procura do abraço químico que havia sentido naquela primeira vez. Mas independentemente de quanto ou com que frequência eu perseguisse o dragão, nunca mais senti a mesma sensação. É esse o perigo da heroína. Eu achava que não fazia muito tempo que estava viciado, mas, olhando para trás, me viciei logo na primeira vez, pois continuava a voltar querendo mais, à procura daquela sensação de calor confortável. Eu não gostava mais da droga, usava o suficiente apenas para evitar os sintomas da abstinência. Necessitava de cada vez mais heroína só para me sentir normal e sobreviver ao dia.

Além disso, a essa altura eu recorria cada vez mais aos assaltos. Não estava mais roubando apenas para desfrutar da experiência de comprar um novo par de sapatos ou uma camisa elegante. Agora precisava financiar um vício caro. Arranjar dinheiro para pagar pela heroína de que precisava dominou minha existência. A partir do instante em que acordava pela manhã, era esse meu único objetivo na vida.

Foi nesse estado deplorável que passei quase dez anos, até conhecer George.

Capítulo quinze

– O que você acha de se mudar para a rua Swanfield?

George não pareceu impressionado.

"Acho bobagem", seu focinho dizia. "Por que isso te faz sorrir?"

Desde que tinha sido solto após minha última permanência na cadeia, eu vinha atormentando o Conselho para me ajudar a encontrar um lugar maior. Minha quitinete na rua Royal Mint era menor que uma cela de prisão e parecia ter diminuído de tamanho depois que George passou a morar lá. Não que ele houvesse crescido nos nove meses em que estava comigo, mas sua confiança certamente aumentara, e ele parecia ocupar muito mais espaço. George logo se tornou senhor da mansão, trotando pelo apartamento como se fosse dono do lugar, estendendo-se no sofá e dando uma longa e enérgica coçada quando sentia vontade.

– Fora! – dizia eu sempre que queria me esticar. Ele franzia a testa e tentava parecer injustiçado quando eu o fazia sentar no chão. Minutos depois, após levantar e dar cerca de dez voltas pela quitinete, retornava e brigava por espaço no sofá.

"Tua vez de cair fora agora, idiota preguiçoso", seu focinho dizia.

Seja como for, ofereceram-me um apartamento de um quarto na rua Swanfield no condomínio Boundary, em East End, que é um dos mais antigos conjuntos habitacionais da Europa. Eu teria aceitado um apartamento em qualquer parte de Londres para conseguir mais espaço, e foi por puro acaso que este surgiu em Shoreditch, que ficava muito perto de onde cresci e era um local que eu conhecia bem desde minha infância.

George e eu nos mudamos para o apartamento no verão de 2010, quando eu acabara de completar 39 anos. Tudo que possuía eram as roupas do corpo e um abridor de latas para a comida de George. O apartamento não estava mobiliado, o assoalho era descoberto e eu não tinha nem mesmo fogão. Recebi um auxílio de duzentas libras para arrumar o lugar e por fim coloquei um tapete e comprei uma cama.

Meus benefícios haviam se reduzido ao ponto de não cobrirem o aluguel, para não mencionar a comida e as contas ou equipar o apartamento. Era evidente que apenas mendigar não nos impediria de morrer de fome.

– O que nós vamos fazer? – perguntei a George. Estava sentado no chão duro ao lado dele, tentando solucionar a questão. – Não posso sair agora e fazer os meus velhos truques, posso?

George dormindo no sofá.

Quando George entrou em minha vida, eu tinha mais de trezentas condenações em meu nome e havia sido preso mais de trinta vezes.

Vocês devem estar pensando que eu não podia ser lá grande coisa como ladrão para ter sido pego tantas vezes ao longo dos anos, mas a verdade é que achava tão difícil enfrentar a vida do lado de fora que havia efetivamente começado a me inscrever para passar o inverno na prisão. Cheguei ao ponto de sequer tentar encobrir meus rastros quando assaltava. De propósito, não usava luvas para deixar impressões digitais ou não limpava caso arranhasse o braço e começasse a sangrar.

Eu sabia ao que estava me expondo na cadeia, mas ao menos lá não precisava me preocupar em ter um teto sobre a cabeça ou em me alimentar, coisas com as quais por vezes era muito difícil de lidar nas ruas.

É exaustivo estar desabrigado e se deslocar entre os centros diurnos, albergues e missões, ou dormir em carros e abrigos para latões de lixo, como tive de fazer após perder meu apartamento em President House. Às vezes, ficava tão desesperado que tinha vontade de atirar um tijolo na janela de alguma delegacia e estender as mãos para as algemas só para conseguir uma cama para passar a noite.

Eu estava empacado nesse círculo vicioso no dia em que George entrou em minha vida. Ele apareceu quando fazia cerca de sete ou oito meses que eu saíra da prisão, e o inverno frio de 2009 estava começando. Sob circunstâncias normais, eu estaria pensando em melar o próximo trabalho, a fim de obter uma curta estadia atrás das grades, o que me supriria até o tempo esquentar.

De qualquer forma, George já tinha se apoderado completamente da situação quando comecei a pensar nisso, o que arruinou meus malditos planos. Se eu fosse para a cadeia, perderia George. Era simples assim. Já havíamos chegado longe demais para que eu considerasse essa uma opção. Pela primeira vez no que parecia uma eternidade, tinha alguém além de mim para cuidar, o que havia enchido minha vida de significado. Ao longo dos anos, conheci algumas garotas e tive alguns relacionamentos aqui e acolá, mas nada que durasse mais de dois meses quando muito. Eu havia visto como meus irmãos e minha irmã eram com os filhos e quanto amor sentiam por eles; estava começando a me sentir assim a respeito de George.

Meus sentimentos por ele tornaram-se claros como cristal certo dia em que estávamos sentados diante da estação da rua Fenchurch e uma mulher rica aproximou-se de nós e começou a elogiar George.

– Que cachorro bonito! – disse, coçando-lhe a cabeça e fazendo um alvoroço por causa dele. – Ele é absolutamente lindo! Nunca vi um staffordshire tão simpático. Você não me deixaria comprar esse cachorro de você, deixaria?

Fiquei completamente atordoado e sem fala. Quem era ela para perguntar aquilo?

– Ele é absolutamente fantástico – prosseguiu. – Eu pagaria um bom preço... – Ela começou a dizer que poderia me dar duas mil libras em dinheiro, mas a interrompi.

– Olha, não leva a mal, moça, mas você tem filhos? – perguntei.

– Tenho, mas conheço o staffordshire e tenho certeza de que ele é bom com crianças...

– Não, esquece. O que estou dizendo é o seguinte: Como você se sentiria se eu perguntasse se poderia comprar um dos seus filhos?

Ela olhou para mim, perplexa.

– Veja bem, é o seguinte, George é como se fosse meu filho. Amo esse cachorro como se fosse minha própria carne e meu próprio sangue. Eu não venderia George por dois mil. Não venderia nem por cem mil. Ele é muito importante para mim.

Ela foi muito educada ao ter sua oferta recusada assim em cheio. Não houve ressentimentos e até mesmo George deu uma piscada quando a mulher se afastou.

De qualquer forma, essa conversa consolidou o que eu já sabia ser verdade; eu ficaria com George para o que desse e viesse. Só não sabia ao certo como faria isso, não naqueles primeiros meses. George significava muito mais para mim do que qualquer outra coisa no mundo. Eu o amava, e perdê-lo era impensável.

Sentados juntos no chão do apartamento, eu recordava aquela mulher e a louca quantia que ela havia oferecido por George. Duas mil libras teriam sido muitíssimo interessantes na ocasião.

– Eu devia ter te vendido para aquela mulher, George. Podia ter comprado um belo relógio de ouro.

42
George the Dog
Shoreditch, London

George deixou escapar um suspiro, deitou-se e pousou a cabeça entre as patas dianteiras. Parecia muito triste, para dizer a verdade, e senti-me mal.

– Oi, escuta, eu só estava brincando. Não é culpa sua – disse eu.

Suas orelhas se ergueram.

– Bem, acho que é, seu idiota inútil – ri –, mas isso é uma coisa boa, parceiro. Não se preocupe.

Recordei o período em que George estava comigo. Mal o havia perdido de vista desde o dia em que o adotei. Nem mesmo o deixava amarrado diante do Tesco se precisasse de uma lata de comida de cachorro; sempre pedia a algum amigo em quem confiava para ficar de olho nele por um minuto, e entrava e saía o mais rápido possível.

Para começar, tinha pavor que o escocês maluco aparecesse, e depois que a mulher tentou comprá-lo, morria de medo de que ele fosse roubado.

Deixar George sozinho e sair para assaltar estava completamente fora de questão. Minha perna doente já tornava isso difícil, pois eu não era mais tão ágil quanto antes. E se fosse pego e levado para a prisão para passar a noite? Quem alimentaria o cachorro e o levaria para passear? Eu sabia muito bem que perderia George para sempre se fosse preso, pois não conhecia ninguém que pudesse cuidar dele para mim por um período de tempo.

– Isso não vai acontecer – disse eu em voz alta, ao pensar em ser preso outra vez. – Preciso arranjar um emprego.

George estava sentado e atento agora, com uma expressão no focinho que dizia, "Seu idiota, e como é que você vai fazer isso?", mas eu queria que ele soubesse o que tinha em mente. Acho que eu *era* um idiota por pensar que ele pudesse ter entendido, mas ele parecia estar me ouvindo.

Também sabia que era muito idiota por ter quase quarenta anos e nenhuma perspectiva de emprego. Quem me aceitaria com uma ficha criminal longa como a minha? Parecia uma lista telefônica. E mesmo que algum pobre coitado fosse louco o suficiente para correr o risco, como eu conseguiria manter um emprego com George ao meu lado? Estava além das minhas possibilidades.

Só havia uma solução. Eu não queria ter de depender de mendigar para sempre, mas sabia que precisava continuar fazendo isso, pelo menos a curto prazo, ou nós dois morreríamos de fome. Era simples assim.

– Vamos, George – disse eu. – Vamos dar uma voltinha na rua Shoreditch High.

Capítulo dezesseis

A Shoreditch High estava completamente diferente da rua insossa, cinza e dilapidada que eu lembrava de minha juventude. O local achava-se repleto de jovens e gente informada que geravam uma atmosfera vibrante. A vista da Cidade de Londres, com a torre Broadgate e todos os outros arranha-céus cintilando ao longe, fizeram-me perceber o quanto essa parte de Londres estava mudando rápido. Enquanto George e eu caminhávamos juntos, o que mais me impressionou foi a facilidade com que a cultura urbana mesclava-se ao mundo corporativo. Pouco além dos imensos arranha-céus, havia velhos prédios industriais cobertos de murais incrivelmente coloridos, lindamente detalhados, que assediavam os olhos. Eu tinha ouvido falar de Banksy – quem não tinha? – e sabia o quanto ele havia feito para elevar o perfil dos artistas de rua, mas não fazia ideia que a arte de rua tivesse se tornado tão popular e difundida; o termo ainda sequer fazia parte de meu vocabulário. Encontrar-me em uma área onde a arte era tão presente e tão importante para sua identidade fez com que me sentisse imediatamente em casa.

O sol já tinha saído e havia uma agitação no ar, como se toda aquela área fosse realmente viva e próspera. Havia rapazes da Cidade com ternos distintos saindo dos bares, operários cobertos de pó de gesso comendo sanduíche nas garagens, garotas vestindo todos os tipos de modas malucas espreitando as vitrines das lojas e muitos tipos de estudante circulando.

Reparei em um velho sentado na calçada, mendigando. Tinha um grande saco de dormir acolchoado ao redor dos ombros, embora aquele fosse um dos raros dias quentes. Ninguém parecia perturbado com a aparência do homem, e vi pessoas de todas as classes sociais acenarem com a cabeça e lhe darem alguns trocados. Era tocante. Aquela primeira caminhada pela High Street me pegou de surpresa; senti-me como se pisasse em um mundo novo.

Peguei o touro pelos chifres e descobri um local movimentado para mim e para George perto do posto de gasolina Texaco no final da High Street, próximo à estação do metrô de superfície. Eu costumava ficar de pé e circular quando pedia uns trocados aos passageiros perto da estação de metrô de Tower Hill e na rua Liverpool, mas aquele local parecia muito mais relaxado, então me sentei na calçada com George ao meu lado.

Coloquei um copo de papel à minha frente e fiquei ali sentado e quieto por algum tempo, captando o ambiente e vendo o mundo passar. As pessoas começaram a colocar dinheiro no copo mesmo sem que eu pedisse, algumas paravam rapidamente para conversar, comentando como George era um cachorro lindo ou me perguntando o nome dele.

É sempre mais fácil mendigar quando o tempo está quente, pois as pessoas não andam tão depressa e em geral estão de melhor humor, mas nunca imaginei que seria tão fácil. Era óbvio que Shoreditch estava acostumada aos mendigos e desabrigados, então comecei a voltar todos os dias ao mesmo lugar.

Sempre ganhamos o suficiente para a comida diária e um pouco mais.

Era bom sobreviver sem recorrer aos assaltos, mas aquilo não mudou minha opinião quanto a mendigar. Sempre detestei. Sentia humilhação e constrangimento a cada centavo que recebia. Acho que o fato de estar fazendo aquilo às portas de onde fui criado, na rua em que havia caminhado com minha família quando garoto, tornava tudo dez vezes pior. Eu teria morrido mil vezes se Jackie passasse por ali, ou Malcolm ou David. Nenhum deles morava muito longe, e a ideia de que me vissem naquele estado me oprimia. Eu havia feito a promessa de só tornar a vê-los quando superasse as dificuldades. Mas naquele momento, estava muito longe de conseguir isso. Não tinha um plano melhor, portanto continuei a voltar à High Street, dia após dia. George e eu sobrevivíamos graças à bondade dos outros e, até segunda ordem, era o suficiente.

Algumas semanas mais tarde, percebi que era melhor sentar no lado oposto da rua, de frente para o posto de gasolina, pois havia uma daquelas caixas de metal verdes de eletricidade na calçada, contra a qual eu podia me apoiar. Era mais confortável sentar ali quando minha artrite me incomodava, e a vista também era melhor. A Cidade de Londres ficava a minha esquerda e os antigos prédios vitorianos do outro lado da High Street a minha frente. A justaposição dos elementos era estonteante.

Treinei George para sentar com o copo diante dele, como se fosse ele a mendigar. Isso cumpria duas finalidades: atraía atenção para nós, portanto mais gente colocava dinheiro no copo, e fazia igualmente com que eu me sentisse menos mal com a situação, pois o copo não estava na minha frente. Eu mal conseguia acreditar no quanto George havia progredido. Quando o havia conhecido como filhote indisciplinado, não podia imaginar que estaria tão bem adestrado ao ponto de sentar imóvel em uma rua barulhenta e movimentada durantes horas seguidas.

Eu estava sempre pensando em como sair das ruas e sustentar a mim e a George de forma honesta. Ao ver toda aquela arte em Shoreditch, comecei a me perguntar se não conseguiria ganhar algumas libras com desenho. Parte da arte de rua que eu havia visto não era exatamente fantástica, o que me incentivou a pensar em usar minhas próprias habilidades.

Como vocês bem podem imaginar, eu não me sentia muito confiante. Não desenhava nada havia anos e não fazia a menor ideia de como me sairia a essa altura.

"Acho que a pessoa não precisa ser Picasso para ganhar um troco", pensei comigo. Olhei para George, imaginando como alimentá-lo e mantê-lo aquecido.

TAKE MY PICTURE BY ALL MEANS.
BUT PLEAS PUT A COIN OR TWO INTO MY CUP, OR I MIGHT JUST BITE YOU!
HAVE A NICE DAY.
GEORGE The Dog.

"O que você acha?"

"Apenas faça", disse George, ou ao menos foi o que imaginei que ele teria dito. "Cá entre nós, o que mais você tem no seu banco de talento?"

"Nada."

"Então faça isso."

"E se eu não conseguir mais desenhar? Vamos ficar ainda mais na merda."

"Você não vai saber até fazer uma tentativa. O que você tem a perder?"

Tais pensamentos me passaram pela cabeça durante dias, se não semanas. Eu ficava adiando a tentativa, mas, certo dia, estava tão entediado sentado na calçada sem fazer porcaria nenhuma, que comecei a rabiscar parte de um dos antigos prédios a minha frente. Assim que comecei a desenhar, senti-me estimulado. Aquilo me vinha sem esforço e a agitação a minha volta pareceu acalmar à medida que eu desenhava os detalhes da arquitetura. Senti-me positivo, como se tivesse um objetivo. Eu não previra isso e foi bom não ficar só ali sentado sem fazer nada, esperando que as pessoas colocassem dinheiro no copo de George.

O esboço não ficou de todo mau e no dia seguinte desenhei exatamente o mesmo prédio, pois queria melhorar o que havia feito no dia anterior. Era o 187 da rua Shoreditch High, que era a antiga loja da Leather & Suede. Eu só havia desenhado rostos e silhuetas no passado, mas os edifícios antigos no final da High Street me fascinavam. Quanto mais decrépitos, mais os achava interessantes. Eu escolhia os prédios mais decadentes que conseguia encontrar e começava a copiar os mínimos detalhes da alvenaria destruída e das esquadrias das portas e janelas arruinadas. Desenhava até mesmo as pichações e a arte de rua que recobriam o alto dos telhados.

Só o fato de ter uma caneta na mão e tornar a desenhar era uma lufada de ar fresco, e adorei deixar de me sentir um mendigo. Aquilo era como dizer aos passantes, "Sou um artista à procura de trabalho" e não "Você pode me dar uns trocados?". Eu ainda não estava contando as galinhas, mas meu moral ficou definitivamente um pouco mais elevado que nos últimos tempos.

Os desenhos que produzi no começo não foram perfeitos, mas, mesmo em um dia ruim, eu percebia que tudo que de fato eu precisava era de mais prática. Por isso desenhava os mesmos prédios repetidas vezes; é o que conhecemos como "estudo". Eu não planejava tentar vender nada nessa fase, pois nenhum dos desenhos havia sido concluído e eu não os achava bons o bastante, mas sentia que estava chegando a algum lugar.

Além disso, imaginava que mesmo que fizesse desenhos vendáveis dos prédios da High Street, eles não renderiam muito dinheiro. Comecei a achar que a melhor maneira de ganhar uma boa quantia era aprender a fazer aquarelas. Então poderia ir até Hampstead, desenhar algumas das casas chiques e tentar vender os desenhos aos proprietários ricos.

– Me deseje sorte, companheiro – dizia a George todos os dias quando me acomodava diante da caixa de eletricidade. – Nosso futuro depende disso!

George sempre tinha o copo a sua frente e permanecia ali sentado, bem quieto. Todos os dias, olhava para o copo, em seguida para meu papel e canetas, como se dissesse: "Estava mais do que na hora de você arregaçar as mangas."

Então continuava ali sentado, com ar pensativo, deixando que eu desse seguimento ao que precisava fazer.

Assim que consegui dinheiro suficiente, comprei papel e canetas pretas de ponta fina de boa qualidade na loja de arte mais adiante. Desenhei as chaminés imundas, as antenas de TV quebradas, as pichações, as ervas daninhas crescendo no topo dos edifícios, assim como partes dos prédios e todos os mínimos detalhes da alvenaria várias vezes.

Acabei literalmente por desenhar os mesmos edifícios – o 187 e o 189 da rua Shoreditch High – duas mil vezes ou mais, na tentativa de acertar os detalhes. Isso decerto parece enfadonho, mas nunca me senti assim. Não era o mesmo que desenhar várias vezes uma cesta de frutas. Ainda que me sentasse exatamente no mesmo lugar todos os dias, minha percepção da rua nunca era igual. Andaimes e elevadores iam e vinham, frentes de loja mudavam da noite para o dia e estudantes vestindo todo o tipo de roupas sofisticadas andavam por ali decorando a calçada.

A paisagem mudava e evoluía dia a dia. Eu via a área desenvolver-se diante de meus olhos, tornando-se um imenso eixo para a arte de rua e a cultura, e desejava captar a velha Shoreditch antes que fosse tarde demais. Eu nunca desenhava as pessoas; só os prédios antigos me interessavam, mas o fato é que o ambiente e a vibração na rua me inspiravam.

Após um ou dois meses, senti que estava chegando a algum lugar e comecei a me sentir um perfeito artista, embora ainda tivesse muitos momentos de olhar para o que havia desenhado e achar que era uma completa porcaria.

– O que você acha? – eu perguntava a George quando ele olhava para mim.

– Uma completa porcaria – respondia ele, juro.

Eu sabia que tinha de continuar a melhorar, mas também sabia que estava chegando a algum lugar. Saía com todo tipo de clima, sem faltar um dia. Quando chovia, cobria a mim e a George com sacos de lixo pretos, e quando o tempo esfriou, comprei para George um casaco velho de lã grossa e o envolvia com ele. Colocava-o de trás para a frente e enroscava as mangas na traseira de George, para que o casaco o cingisse como um cobertor confortável. Ele nunca se queixava; na verdade, ficava bem quieto para tornar a tarefa de envolvê-lo o mais fácil possível.

– Ei, amigo, isso é cruel! – gritou um bêbado em uma sexta-feira à noite. Ele havia ido ao Brown's, um clube de strip mais adiante, e começou a dizer que eu deveria levar George para casa.

– Acho que você devia cuidar da porcaria da própria vida e ir para casa, amigo – retruquei.

Eu já havia recebido alguns comentários menos agressivos nos mesmos termos. As mulheres diziam:

– Ah, ele está bem, sentado ali no frio?

– Está – respondia eu. – Se eu tentasse deixar George sozinho em casa, ele ia ficar louco. Ele adora sair.

Era verdade. No minuto em que me ouvia abrir a porta do apartamento a cada dia, George se punha de pé. Estava sempre mais desesperado para sair do que eu. Sempre que o deixava sozinho em casa, ele gania e reclamava.

– Olha para você, seu idiota – dizia eu. – Só vou até a loja da esquina. Não vou demorar nem dez minutos.

"Conheço seus dez minutos", sua expressão sempre dizia.

Certa noite, eu estava passando pelo clube de strip na rua Hackney quando avistei um dos porteiros do lado de fora, fazendo um intervalo. Espantei-me quando o vi de pé na calçada. Conhecia bem aquele rosto, mas levei um ou dois minutos para perceber quem era. Era o sr. O'Brian – um de meus antigos carcereiros em Pentonville! Era o sujeito que havia visto meu desenho da luta de mãos nuas do século XIX. Achei que ele não me reconheceria a essa altura, ou talvez não quisesse me reconhecer, portanto não me apresentei na ocasião. Mas o fato de vê-lo e de recordar seu elogio deu-me um imenso reforço na confiança.

– Sabe do que mais? Vou fazer sucesso como artista – eu disse a George nessa noite, pois estava começando a ter uma forte impressão de que isso ocorreria. – Vou ficar rico, você vai ver.

George pareceu pouco impressionado, portanto continuei:

– E Brad Pitt vai me interpretar em um filme de Hollywood. Mas vai ser uma vergonha porque ele não é tão bonito quanto eu.

Também comecei a devanear sobre tornar a fazer contato com Malcolm e David. Eu pensava com frequência em minha família, e quando comecei a acreditar que me tornaria artista, fantasiava em contar a eles que havia finalmente tomado jeito e em deixar a todos orgulhosos.

No ano anterior, no início de 2009, eu estava assistindo ao noticiário local na TV quando de repente ouvi o apresentador dizer: "E na lista das Honras do Ano-Novo também se encontra o carteiro David Ryan..."

Parei de imediato e ouvi a notícia. Caramba – meu irmão mais velho David havia recebido a Ordem do Império Britânico por serviços prestados à comunidade! Mesmo que a essa altura trabalhasse como carteiro, continuava a dar aulas de boxe no Times Amateur Boxing Club três vezes por semana e havia feito uma quantidade fenomenal de trabalho voluntário, ajudando a manter crianças fora das ruas.

– É verdade, minha mãe estaria muito orgulhosa – disse ele ao repórter quando este o interrogou sobre seu passado, o que fez com que os pelos de minha nuca se eriçassem.

David andava pela casa dos cinquenta anos e foi um baita choque vê-lo após tanto tempo, mas foi sobretudo inspirador. Fiquei muito orgulhoso dele e queria desesperadamente voltar a fazer contato e, por fim, deixar minha família orgulhosa de mim também.

Continuei a sentar na calçada mesmo quando nevava e meus dedos ficavam azulados, pois não conseguia desenhar de luvas. Não deixava que o frio me abatesse e, mesmo com a artrite me matando, não parava. Eu tinha muita coisa em jogo.

– Vai valer a pena, você vai ver – eu dizia a George.

"É melhor que valha", ele sempre parecia retrucar, mas nunca se queixava, mesmo quando o tempo estava gelado, chovendo granizo ou ventando muito.

Por fim economizei dinheiro suficiente para comprar para George um casaco mais grosso, forrado com pele de carneiro e, independentemente do clima, ele se sentava bem-comportado na calçada, como se tivesse passado a vida inteira ali.

Senti-me muito rapidamente aceito pela comunidade local e comecei a gostar de sentar na High Street, com as mesmas pessoas cumprimentando a mim e a George todos os dias. Eu conhecia alguns dos sem-teto e outras pessoas que mendigavam em Shoreditch das várias missões e albergues em que havia me alojado ao longo dos anos, e a maioria era amigável com George e comigo.

Assim que me estabeleci como assíduo na rua, fui informado de que havia uma rotatividade para a posição no caixa eletrônico na frente do Tesco, pois aquele era o melhor local em toda Shoreditch. Gostei do modo como todos respeitavam as regras verbais da rua e revezavam-se ali. Não me envolvi nisso, pois estava satisfeito com meu trecho no lado oposto, e todos respeitavam isso também e me deixavam quieto.

Quando esfriou e George estava usando seu casaco de pele de carneiro, as pessoas começaram a me perguntar se poderiam tirar uma foto dele.

– Claro – respondia eu, esperando que colocassem uma moeda no copo em agradecimento. Infelizmente, muitas delas tiravam a foto e apenas se afastavam.

Por fim, providenciei um bilhete escrito à mão que dizia: "Tire minha foto, sem dúvida, mas por favor coloque uma moeda no copo, caso contrário eu posso te morder! Tenha um bom dia, George, o Cão."

A maioria das pessoas me via desenhando e entendia a situação. Não havia cartaz na minha frente, mas o que eu estava realmente dizendo era: "Sou um artista desempregado."

– Gosto do fato de você não estar pedindo dinheiro – as pessoas começaram a dizer. – É bom que você esteja sentado aí fazendo alguma coisa.

Às sextas e sábados à noite, alguns rapazes chamativos da Cidade de Londres saíam do bar e me davam notas de dez e vinte libras. Quando isso ocorria, eu entregava-lhes um de meus desenhos, porque era mais que justo. Os desenhos eram apenas estudos e esboços inacabados nessa fase, pois eu ainda estava praticando, mas eles ao menos recebiam alguma coisa em troca.

Certa vez, dois sujeitos agressivos gritaram:

– Ei, por que você não arranja a porra de um emprego? – Mas eu estava preparado para isso; vinha esperando por isso.

Já fazia algum tempo que havia treinado George para latir se eu apontasse o dedo para alguém. Ele aprendeu o comando bem rápido, como ocorria com tudo que eu ensinava. Se latia quando não devia, eu erguia a voz ou lhe dava uma palmada de leve na bunda, mas quando latia depois que eu apontava o dedo, eu fazia muita festa.

Quando os sujeitos vieram me provocar, eu não disse uma palavra. Só ergui o braço e apontei para eles, e George partiu para cima, rosnando, latindo e deixando os dois meio mortos de medo. Eles nunca mais me incomodaram depois disso.

Eu também treinara George para permanecer sentado, bem quieto, quando via outros cães por perto. Ele nunca se preocupava com cães pequenos, mas quando avistava os maiores, eu sempre ficava atento, pois havia cães sem dono na área que podiam ser bem agressivos.

Eu começava instantaneamente a emitir comandos ininterruptos e percebia que as pessoas que passavam achavam que estava me excedendo, pois literalmente não parava durante todo o tempo que havia cães abandonados ao redor.

– Quieto, George. Bom garoto, junto, fica aqui... – eu dizia repetidas vezes. Não me desculpava com as pessoas que me lançavam olhares estranhos, e ainda hoje comando George dessa forma. É do que cães como ele precisam, sobretudo quando estão fora da guia.

Nem todos os donos de cães compartilham minhas opiniões sobre disciplina, é claro, e certo dia um sujeito com um pit bull terrier desceu a High Street e parou para conversar por alguns minutos com um amigo, bem em frente a mim e a George. Não estava nem um pouco atento ao seu cão e, de repente, o animal agarrou a garganta de George.

– Peço mil desculpas, amigo! – disse ele quando os havíamos separado. – Não sei mais como me desculpar.

– Não se desculpe – disse eu. – Adestre esse maldito cachorro. Ele podia ter atacado uma criança.

Não estou dizendo que George seja perfeito – longe disso. No frigir dos ovos, ele é um cachorro e tem alguns maus hábitos que não consigo mudar. Um dos piores é comer qualquer lixo velho que encontre na rua. Por mais comida de cachorro que tenha ingerido, se farejar uma quentinha jogada fora, cheia de ossos de galinha e batatas fritas velhas, ele engole a porção, com caixa e tudo.

– Ei, seu porco sacana – digo sempre. Dou vermífugo a ele com regularidade, portanto sei que não é esse o problema. Ele é somente um idiota guloso – é da natureza dele.

A pior característica de todas é ele perder a concentração quando estamos atravessando a rua. George ainda precisa estar atento como um falcão, pois Shoreditch é muito movimentada, e se eu não o estiver constantemente atormentando para ficar junto e andar ao meu lado, pode facilmente cometer um erro.

Tive um claro lembrete disso cerca de um ano após nos mudarmos para a área. Era uma sexta-feira à noite e eu estava atravessando perto do posto de gasolina quando um ônibus dobrou a esquina e parou no meio da rua. Entrei na frente dele, mas quando parei para ver se havia trânsito, George simplesmente continuou, passando pelo ônibus e entrando na frente de um carro. Foi atingido a cerca de 30km/h e ficou literalmente embaixo da frente do automóvel.

– George! – gritei. Nossos olhos se encontraram quando ele caiu. Foi assustador, mas George levantou-se de imediato e me deixou conduzi-lo até a beira da rua. Acenei para o motorista do carro para que prosseguisse, dando a entender que a culpa não havia sido dele, e sentei com George em meu colo.

– Está tudo bem, amigo? – perguntou um sujeito no ponto de ônibus. – Meu estômago revirou.

– Parece que sim – respondi. – Você está bem, George?

Ele olhou para mim e piscou, como se dissesse: "O que foi aquilo?"

Fiquei ali sentado na calçada com ele e examinei suas costelas e cada centímetro de seu corpo à procura de ossos quebrados. Ele não tinha um arranhão e não estava nem mesmo tremendo. Acho que meu choque foi maior que o dele, e quando rememoro o incidente, ainda me faz tremer. Por algum tempo depois disso, comecei a mantê-lo na guia.

Depois de passar alguns meses sentado na calçada desenhando, George e eu nos tornamos parte do mobiliário da rua e senti que por fim pertencia a algum lugar. Eu não tinha essa sensação desde que era menino, no President House.

– Olha, aquele cara – eu ouvia as pessoas dizerem – senta ali todos os dias, desenhando. O cachorro não se mexe. Olha para ele!

Meus esboços dos prédios estavam sempre melhorando e eu me pegava completamente concentrado no que estava fazendo. As pessoas ficavam de pé, acima de mim, vendo-me desenhar, mas às vezes eu mal reparava nelas, de tão absorto que estava no trabalho. As horas passavam enquanto eu me concentrava em detalhes cada vez menores e, durante todo esse tempo, George sentava-se quieto ao meu lado, captando o movimento da rua, sem mover um músculo. Por fim, as pessoas começaram a perguntar por quanto eu venderia os desenhos e, em pouco tempo, passei a cobrar dez ou vinte libras cada. Eles sequer se achavam devidamente acabados; eu os havia feito apenas para praticar e teria acrescentado mais detalhes se soubesse que as pessoas os comprariam, mas elas tinham pressa.

– O que mais você desenha? – perguntou uma mulher certo dia.

– O que a senhora quer que eu desenhe? – retruquei.

– Você pode fazer seu cachorro para mim?

Olhei para George, sentado ali todo bonito e orgulhoso em seu casaco, com o copo a sua frente, e não me surpreendi nem um pouco que ela quisesse um desenho dele. Muita gente tinha batido sua foto assim e, de qualquer modo, eu pretendia fazer uma tentativa de desenhá-lo; ao olhar para ele naquele instante, alguma coisa estalou. Ele parecia tão pacato e calmo; eu queria captar aquilo.

– Claro que posso – respondi. – A senhora pode voltar em meia hora e aí ele estará pronto?

– Tudo bem, obrigada. Quanto você cobra?

– Dez libras para a senhora.

Tentei parecer e soar o mais confiante possível, mas, para dizer a verdade, não tinha certeza de como a história acabaria. Eu nunca havia desenhado um cachorro na vida, mas aquele era George.

Assim que comecei a desenhar, percebi que aquilo era um grande passo para mim. Retratar não implica apenas em colocar a imagem na página, mas em captar o espírito da pessoa ou animal que está sendo desenhado. Eu conhecia George de trás para a frente a essa altura – todos as suas peculiaridades e humores, seus trejeitos – e queria lhe fazer justiça. Era uma

prática totalmente diferente de desenhar os prédios a minha volta, mas, assim que comecei, soube que o trabalho seria especial. Captei seus olhos brilhantes, a curva do estômago, seu focinho curto e consistente. Mais que isso porém, captei *George* – meu melhor amigo. O trabalho ficou tão bom quanto eu poderia esperar. Quando larguei as canetas e olhei para o desenho, percebi outra coisa: era o primeiro trabalho que eu concluíra e, além do mais, minha primeira encomenda. George era o motivo pelo qual eu pegara minhas canetas e agora George era o motivo pelo qual eu podia me chamar de artista. Abaixo do desenho, escrevi simplesmente "George, o Cão. Shoreditch, Londres".

– Adorei! – gritou a mulher quando voltou mais tarde. Se me permitem dizer, não me surpreendi com a reação. Eu sabia que havia de fato captado George, mas ver a reação da mulher confirmou isso.

– Estou muito satisfeito – disse eu, calmamente. – A senhora não pode imaginar o quanto estou satisfeito. Tenha um bom dia!

Mantive a calma, mas por dentro estava gritando: "Porra! Vendi minha primeira encomenda! Sou um maldito artista!"

Depois disso, comecei a desenhar George com regularidade e a vender desenhos todos os dias. Os funcionários das lojas, dos escritórios e do comércio local começaram a falar sobre nós e de repente houve um burburinho em Shoreditch a respeito de mim, de George e de minha arte.

Eu sentia que estava avançando. Ainda vivia abaixo da linha da pobreza, mas meus planos de ir a Hampstead para desenhar as casas passaram para segundo plano, pois percebi que havia coisa melhor em Shoreditch. Com o tempo, eu faria com que valesse a pena, tinha certeza.

– Vou conseguir – dizia a George quando sentia que ambos necessitávamos de persuasão. – Vou fazer sucesso.

Ele sempre olhava para mim como se eu estivesse perdendo o juízo, mas eu sabia que provaria para ele algum dia.

– Não olha para mim assim, seu sacana miserável – dizia eu. – Só espere para ver.

Capítulo dezessete

Eu estava sentado desenhando no lugar de sempre em uma sexta-feira à tarde quando dois sujeitos se aproximaram e perguntaram se podiam encomendar um trabalho para um livro que estavam organizando. Aquilo era novidade. Eu sabia que estavam comentando meus desenhos por aí, mas um livro era outra coisa. Parecia bastante profissional.

– Legal – disse eu, com os olhos brilhando. – Qual é o livro?

Os caras se apresentaram como Steven Moffett e Steven Dray e explicaram que a publicação chamava-se *Shoreditch Unbound.** Eles eram tipos criativos e começaram a explicar que seria uma coletânea, em edição limitada, de artigos, imagens e arte, narrando a história de Shoreditch e mostrando o atual talento da área. Descobri mais tarde que a obra incluiria trabalhos de artistas que abrangiam desde Tracey Emin a Gilbert & George.

---

* Shoreditch livre, solta. (N. da T.)

Eu estava começando a conhecer muito bem a arte de rua. Havia visto grupos em excursões, examinando coisas estranhas e maravilhosas como chiclete mascado e pintado grudado na calçada, trabalho de um artista chamado Ben Wilson. Havia dobrado a esquina até a rua Great Eastern para dar uma olhada no muro do Village Underground, que era usado para a arte pública e pintado por artistas de todo o mundo. E cada vez mais, em conversas com os habitantes locais, ouvia a menção a nomes de artistas de rua famosos como Stik e Thierry Noir como se devesse conhecê-los, mas, para dizer a verdade, eles não significavam nada para mim. Confessei minha ignorância a um amigo desabrigado e ele me situou.

– Dá uma olhada na rua Rivington – disse. – Stik faz os bonecos palitos e Thierry Noir é aquele sujeito francês que pintou o Muro de Berlim. Ele faz aqueles rostos muito coloridos, com olhos brancos e lábios grossos. – Fui vê-los e fiquei completamente hipnotizado por seus trabalhos.

Sabendo de tudo isso, fiquei surpreso ao ser abordado para um livro que apresentaria alguns desses artistas, para não mencionar gente como Tracey Emin e Gilbert & George. Na verdade, eu havia encontrado Gilbert & George na High Street algumas vezes. Moravam pouco mais abaixo, na Brick Lane, e eu os vira muitas vezes passeando juntos. Já fazia algum tempo que nos cumprimentávamos. Eles passavam por minha área à mesma hora todas as noites, sempre vestidos com paletós de tweed compatíveis. Sempre que passavam, davam uma olhada no que eu estava desenhando e ofereciam palpites. Eu ficava incrivelmente orgulhoso por conseguir atrair a atenção de dois artistas de seu calibre.

Nunca tinha ouvido falar de ROA, devo confessar, mas descobri mais tarde que ele era um artista de rua belga mundialmente famoso, conhecido por desenhar aves e outros animais gigantescos em preto e branco. Deixou sua primeira marca em Londres após pintar um imenso coelho na parede de um estúdio de gravação em Hackney e também tinha trabalhos incríveis em Shoreditch.

Encontrei-me novamente com Steven e Steven dois dias mais tarde, no domingo, no mercado de flores da rua Columbia, onde lhes entreguei dois desenhos. Em uma folha havia desenhado estudos de três rostos masculinos, e na outra havia feito a loja Leather & Suede e o prédio em ruínas acima e ao lado dela. Assinei meu trabalho com "John Dolan, rua Shoreditch High, 2011", cobrei 150 libras dos caras e assinei a cessão de direitos autorais.

Não pensei mais naquilo. Não sabia se o livro faria sucesso ou se eu chegaria a ser impresso, mas, o que quer que acontecesse, tinha sido lisonjeiro ser convidado a colaborar. Fez com que eu me sentisse ainda mais parte da comunidade e foi outro reforço em minha autoconfiança.

Certo dia, pouco depois, George e eu saímos do apartamento e de repente senti uma dor lancinante em ambas as pernas; literalmente, não conseguia me mover. Um cara mais velho estava saindo de seu apartamento em frente ao mesmo tempo, e reparei que usava muletas.

– Você tem um par de muletas sobrando? – gritei, pois havia deixado as minhas em casa.

– Não, cai fora. Tem uma ambulância ali... Pede para eles.

Havia uma ambulância mais adiante na rua, mas eu não conseguia me mexer, e então telefonei para uma ambulância própria e fui conduzido ao hospital para fazer raios X. George foi atrás comigo, e agarrei-me a ele com toda a força. Pensei no quanto seria difícil cuidar dele com um tornozelo quebrado. Felizmente, os médicos disseram que não havia nada de muito errado, era apenas minha artrite se manifestando com intensidade; mais tarde, nesse mesmo dia, consegui mancar até em casa com um novo par de muletas, medicado com analgésicos.

Aproximadamente um mês depois, encontrava-me em um ônibus com George quando vi o cara mais velho que havia me mandado cair fora.

– Meu nome é Les – disse ele, aproximando-se para se apresentar. – Desculpe sobre as muletas e tudo mais. Eu estava com muita dor naquele dia. Peço desculpas.

Acontece que Les era gay, HIV-positivo e sofria de osteoporose. Conversamos por algum tempo e nos entendemos; mais tarde, Les convidou-me a ir até o seu apartamento para um café. Vi-me contando um pouco de minha vida e o que estava fazendo na High Street.

– Minha arte é tudo que tenho – disse eu. – É minha única esperança de mudar de vida.

Eu não fazia confidências a ninguém, a não ser George, e foi muito bom ter com quem conversar. Percebi que Les também havia gostado de minha companhia.

– Venha outra vez – disse ele. – Quero ver seu trabalho no livro, quando ele sair.

Acho que Les estava completamente só e prometi que voltaria em breve. Com o tempo, Les tornou-se um bom amigo. Eu aparecia para ver como ele estava passando a cada dois dias, e quando ficava sem água quente, ele me deixava usar sua máquina de lavar, e eu lhe passava vinte libras como agradecimento. Provocava-o chamando-o de "rainha velha" e "mãe", mas ele realmente tornou-se meio que uma mãe para mim. Eu conversava com ele sobre qualquer assunto e ele estragava a mim e a George com tanta atenção.

Eu contava a Les tudo que acontecia na rua e ele me contava o que acontecia no resto do mundo, pois estava sempre assistindo aos noticiários na TV. Eu havia desistido deles, pois andava saturado de ter notícia dos cortes de benefícios, mas Les estava bem informado, e sempre que o visitava, contava o que David Cameron pretendia fazer a seguir.

A conversa era sempre interessante, e eu olhava para George e dizia:

– Viu, Les pelo menos me proporciona um pouco de bom senso e uma conversa decente. Ao contrário de você!

Les ria quando eu provocava George desse jeito, então era o que eu fazia o tempo todo.

– Ei, George, você é o único que não está de muletas. Não pode ligar a chaleira para variar? – eu perguntava, e Les se mijava de rir.

Certo dia, uma mulher aproximou-se de mim na High Street e contou que possuía uma galeria em Brixton. Eu estava desenhando muitos rostos na ocasião; ela pareceu particularmente interessada neles e me entregou seu cartão.

Eu ainda não me decidira sobre o que fazer quanto a ela quando duas outras mulheres me abordaram. Falaram em organizar uma exposição e explicaram que também tinham uma galeria. Combinei de encontrá-las no dia seguinte, mas chovia a cântaros e protelei.

Algo parecido ocorreu cerca de um mês mais tarde, quando um grupo de tipos artísticos aproximou-se e me informou que eles estavam fazendo um vídeo na área com Lemar, o cantor de R&B. Perguntaram se eu me interessaria em conversar com eles sobre meu trabalho e marcamos uma hora para nos encontrar, mas ou eles se atrasaram ou não compareceram, e por fim desisti e fui para casa.

Eu contava a Les todas essas coisas e era bom ter uma segunda opinião.

– Eu devia ter sido um pouco mais paciente ou proativo? O que você acha?

– Ouça a sua intuição – Les sempre respondia. – Você sentiu firmeza em algum deles?

– Não, senão teria corrido atrás.

– Exatamente. Você vai saber quando for a coisa certa. Aceite todas as abordagens como elogios e espere o momento propício. Vai acontecer em breve.

Dei ouvidos a Les e continuei a fazer o que vinha fazendo, sentar com George na High Street todos os dias, fizesse chuva ou sol. A essa altura, estava cobrando vinte libras por alguns dos desenhos de George, pois gastava mais tempo com eles e acrescentava mais detalhes, sobretudo quando o desenhava com o casaco de pele de carneiro.

As pessoas começaram a me pedir para desenhar seus companheiros ou cães, e eu fazia os esboços enquanto elas esperavam, além de continuar a desenhar os prédios da High Street. Havia muita reforma e construção em andamento, e embora eu não houvesse planejado dessa forma, meus desenhos registravam algumas das mudanças ao longo da High Street.

Havia um velho outdoor ao lado do 187 da rua Shoreditch High, e só para apimentar um pouco as coisas, comecei a escrever nele meus próprios slogans quando o incluía em meus desenhos.

"David Cameron é um BASBACA" era meu preferido porque, graças a Les, eu estava muito bem informado a respeito da bagunça que o governo continuava a fazer com o sistema de benefícios.

As mudanças introduzidas por Cameron pretendiam eliminar todos os que exploravam o sistema, mas essas pessoas eram uma parcela mínima dos requerentes. A grande maioria era gente como eu, que necessitava de um auxílio extra enquanto tentava sair da merda. Se George não estivesse comigo, sei que teria tornado a roubar, pois era a única maneira, sem histórico profissional e com ficha criminal, de ter arranjado dinheiro suficiente para me manter acima d'água.

De qualquer forma, por sorte, esses desenhos do outdoor pagaram a conta. Até mesmo meninas aproximavam-se, falavam carinhosamente com George e então perguntavam:

– Você tem algum desenho do babaca? Pode fazer um para mim, por favor?

Era meio chocante ouvi-las empregar esse tipo de linguagem, mas eu não me queixava. Uma venda era uma venda.

Com tudo isso acontecendo, o clima na rua era incrível, e gosto de pensar que os olhares sarcásticos de George estavam diminuindo conforme ele aceitava o alvoroço e a atenção que recebia.

“Tenho que admitir para você, nós estamos nos saindo bem”, eu o imaginava pensando.

Capítulo dezoito

Uma noite, em agosto de 2012, um jovem com ar de grã-fino aproximou-se e se apresentou como Richard Howard-Griffin. Explicou que representava e trabalhava com vários artistas de rua conhecidos. Seu parceiro Cityzen Kane, famoso por suas esculturas em 3D de máscaras de espíritos que decoram paredes no East End, o acompanhava.

Richard – ou Griff, como era conhecido – era muito empolgado com o que fazia, e disse que estava interessado em trabalhar comigo.

– Gosto muito do seu trabalho – confessou, com um sotaque gostoso. – Seria ótimo se pudéssemos trabalhar em alguma coisa juntos.

Ele parecia atencioso e era claramente um cara inteligente. Aparentava apenas vinte e poucos anos, mas disse que tinha um escritório e um estúdio na rua Rivington, pouco depois da esquina perto de onde eu me sentava.

Mencionei o *Shoreditch Unbound* e o fato de ter sido abordado por outras pessoas, e disse-lhe que certamente estava interessado em ouvir o que ele tinha a oferecer.

Cityzen Kane comprou um de meus desenhos "David Cameron é um BASBACA", e Griff perguntou se eu poderia fazer um desenho maior do 187 da rua Shoreditch High mas com o outdoor em branco, o que, claro, respondi que faria. Ele foi até a loja de arte mais adiante e comprou uma tela grande e várias canetas, inclusive um marcador permanente, e prometi-lhe que entregaria o desenho assim que possível.

Nenhuma outra promessa foi feita, não foram marcadas reuniões nem acordos foram fechados, mas tive um bom pressentimento com respeito a Griff. Ele tinha energia, visão e não tinha falado besteira. Gostei disso. Trabalharíamos bem juntos; eu sentia nos ossos.

Levei alguns dias para concluir o desenho do prédio e usei o marcador permanente, o que lhe conferiu a sensação de pop art. Enquanto desenhava, sentado na High Street, pessoas aproximavam-se e perguntavam se podiam comprar o trabalho.

– Desculpe, não, é para um marchand – respondia eu com uma ponta de prazer, o que certamente fazia com que George sorrisse com ar malicioso.

Deixei o outdoor em branco, exatamente como Griff havia pedido, e fiquei muito satisfeito com o resultado final. Até George ergueu as sobrancelhas quando viu o desenho.

– Nada mau – decretei. – Mesmo que seja eu a dizer.

George apenas se afastou e sentou-se em silêncio diante de seu copo. Acho que ainda não havia chegado a uma conclusão, pois é um sacana descrente.

Alguns dias depois, levei a tela gigantesca ao estúdio de Griff, envolta em um saco de lixo. Isso o deixou chocado. Ele ergueu a tela e examinou-a sob todos os ângulos, segurando-a de encontro a várias paredes, escorando-a com o braço estendido e recuando para admirá-la.

Griff examinando a imensa tela.

– Gostei – disse. – De verdade. – E foi quando me contou sua ideia. Ele queria convidar artistas de rua para colocarem seu trabalho no outdoor que eu havia deixado em branco no interior do desenho. Para ser honesto, não entendi bem o conceito. Em minha opinião, eu poderia ter incluído meu próprio trabalho no outdoor, como havia feito com os slogans. O que não sabia na ocasião era que Griff não estava pensando apenas em pedir a qualquer velho artista de rua que colaborasse – ia pedir aos melhores do mundo.

Deixei a tela com ele e ele prometeu tornar a me procurar, o que eu sabia que faria.

Nesse meio-tempo, eu carregava o cartão de Griff no bolso e comecei a fazer perguntas sobre ele a uma ou duas pessoas. Um dos funcionários do comércio local que o conhecia disse:

– Ah, ele... pode confiar nele – e desatei a rir.

– Ele é definitivamente o cara certo para mim – eu disse a Les mais tarde. – Garoto bacana ou não, talvez a gente tenha algumas coisas em comum!

Em setembro, Steven e Steven tornaram a aparecer, com um exemplar recém-impresso de *Shoreditch Unbound.* Meus desenhos dos três rostos masculinos e da loja Leather & Suede haviam sido publicados em duas páginas tamanho A4, pouco antes de uma imensa foto brilhante de Boy George. Fiquei perplexo e, agitado, examinei as páginas, vendo imagens e artigos de grandes nomes como Tracey Emin e Gilbert & George e dos artistas de rua Stik e Thierry Noir.

O livro era realmente original, apresentado em estilo de fichário, e estava sendo vendido a oitenta libras. Era muito elegante, e quando vi meu trabalho publicado para a posteridade, senti um imenso nó na garganta.

– Sabem, essa é a realização de que tenho mais orgulho – eu disse aos caras. – Não tenho como exprimir o que isso significa para mim.

– Veja isso, George – disse eu mais tarde enquanto folheávamos o livro no apartamento. – Sou um artista publicado!

Ele nada teve a dizer diante disso – nenhum olhar irônico, nada. Eu gostava de pensar que George podia sentir as coisas acontecendo e, assim como eu, estava só esperando para ver qual seria o próximo passo.

A experiência do *Shoreditch Unbound* encheu-me de confiança e, certo dia, decidi levar o livro a uma galeria local para ver se conseguia despertar o interesse por minha arte e talvez abrir caminho para uma exposição. Eu transbordava de orgulho e entusiasmo quando mostrei meu trabalho publicado, mas o dono da galeria não demonstrou o menor interesse e sequer teve a cortesia de me descartar com delicadeza. Fui praticamente despachado com um esporro, o que acabou com minha confiança. Percebi, então, que seria preciso muito mais que um par de desenhos impressos em um livro para entrar no mundo da arte consagrada.

Continuei a desenhar George, os Cães, a High Street e o outdoor e a vender os desenhos por dez e vinte libras cada, aguardando uma oportunidade favorável. A reação do dono da galeria havia sido um golpe, mas, assim que superei a decepção inicial, não deixei de acreditar em mim mesmo. Graças a *Shoreditch Unbound*, eu tinha certeza de que era apenas uma questão de tempo até fazer sucesso como artista; só tinha de continuar a trabalhar com afinco à espera de uma oportunidade. Eu estava muito otimista e sabia que por fim a pessoa certa apareceria; embora fizesse algum tempo que não via Griff, eu ainda tinha o bom pressentimento de que seria ele a colocar as coisas em movimento para mim.

Com o tempo, eu por vezes acrescentava cor aos desenhos e inventei outros dois slogans para o outdoor que as pessoas gostaram. "Bollox.com" [Bobagenx.com] era um deles, para debochar do lixo sem sentido na internet, e "Sexo, drogas e rock and roll e uma boa xícara de chá" era o outro, pois refletia o fato de eu estar ficando velho!

Em fevereiro de 2013, Griff foi me ver na High Street. Chovia a cântaros mais uma vez e George e eu estávamos debaixo de um guarda-chuva. Lembro-me de ter esperanças de não precisar passar mais um inverno na rua depois daquele. Eu não havia incomodado Griff de modo algum, embora já fizesse perto de seis meses desde nosso primeiro encontro. Não me preocupei; eu sabia que ele apareceria na hora certa.

Griff explicou que o único motivo para não ter feito contato foi o fato de estar incrivelmente ocupado, organizando dois grandes festivais de arte de rua que ocorreriam em maio e junho em Dulwich e Chichester.

Conversamos novamente sobre a ideia do outdoor e do plano de colaborar com artistas de rua de todo o mundo.

Ele explicou um pouco mais e ouvi com interesse, sem saber ao certo no que estava me metendo. Minha notoriedade estava crescendo, mas eu mal havia começado a me enxergar como artista propriamente dito, e a ideia de colaborar com outros artistas nesse estágio me dava a sensação de um grande salto rumo ao desconhecido.

Mas Griff foi insistente e disse que dali a dois dias se encontraria com Stik e Thierry Noir no café da esquina, pouco adiante da rua onde eu estava sentado.

– Quero que você vá e conheça os dois – disse ele. Eu conhecia bem os dois nomes a essa altura e havia visto alguns de seus murais, mas ainda não me considerava muito familiarizado com o trabalho deles, então pedi a Griff que me contasse mais.

Griff explicou que fazia mais de uma década que Stik vinha pintando seus bonecos palitos no East End e só agora estava recebendo reconhecimento mundial. Também estava produzindo muitos shows bem-sucedidos e trabalhando para apoiar instituições de caridade como a Anistia Internacional, o que me impressionou. E Thierry Noir havia se tornado mundialmente famoso por pintar ilegalmente quilômetros do Muro de Berlim e havia trabalhado com grupos como o U2 no auge de sua notoriedade. Griff havia conhecido Noir em Berlim por volta da mesma época em que me conheceu e o havia convidado a visitar Shoreditch para pintar o muro do Village Underground na Holywell Lane, junto com Stik. O muro do Village Underground (ou VU) é o muro mais prestigiado de arte de rua em Londres. Eles se encontrariam em um café local para começar a traçar seus planos.

Concordei em encontrá-los também, mas continuava meio inseguro quanto ao andamento de tudo aquilo. Quando me despedi de Griff, olhei para George para ver o que ele estava pensando. Ele exibia um olhar que só podia significar uma coisa: “Boa sorte, companheiro. Você vai precisar.”

Dois dias depois, quando cheguei ao café, Griff já estava lá com dois sujeitos que vestiam jaquetas de alta visibilidade e pareciam um par de varredores de rua, e mais uma jovem que ele apresentou como sua assistente, Carina.

Eu estava me perguntando quando os dois artistas famosos apareceriam quando Griff me apresentou aos dois sujeitos de aparência despretensiosa, sentados com ele e vestindo as jaquetas de alta visibilidade.

– Esse é Stik – disse Griff, sorrindo para o mais moço dos dois homens. – E esse é Thierry Noir – acrescentou, acenando educada e ansiosamente em direção ao homem mais velho.

Era evidente que Griff tinha muito respeito pelos dois artistas: o sorriso em seu rosto o demonstrava. Tratava-os como astros de rock e com toda razão, pois no universo da arte de rua os dois homens eram lendas. Peguei-me comportando-me da mesma forma que Griff. Era como se nos encontrássemos em presença da grandeza; deixei-me envolver pela energia que dominava a reunião e senti-me honrado por estar ali. Foi deprimente pensar que Thierry Noir estava pintando o Muro de Berlim enquanto eu era um ladrão de 18 anos de idade, à beira de cumprir minha primeira pena em Feltham. E lá estávamos nós, sentados juntos em um café em Shoreditch, bebendo chá e prestes a discutir a possibilidade de trabalharmos juntos em uma obra de arte. Não parecia real.

Eu entendia a grande ideia de Griff agora, e tinha de dar crédito ao garoto bacana, era mesmo muito boa. A começar por Stik e Thierry Noir, Griff pediria a artistas de rua de alto nível que colocassem seu trabalho no outdoor em branco de meu desenho da rua Shoreditch High, como se fosse algo que eles houvessem pintado na rua. Além de nos apresentar, Griff queria descobrir o que Stik e Noir achavam da ideia.

– Eu gosto; é uma ideia muito legal – disse Stik quando Griff lhe mostrou meu trabalho.

Thierry concordou.

– É um conceito muito inteligente – declarou. – E gosto do seu trabalho, John. Você pode realmente ter topado com alguma coisa.

Os dois foram amigáveis e encorajadores, o que, partindo deles, significou muito. Eu podia sentir a adrenalina percorrendo meu corpo. Ali estavam dois artistas conhecidos e respeitados não só me dando atenção, mas abertos à ideia de trabalharmos juntos. Além disso, eles deixaram claro que estavam ambos preparados para trabalhar de graça, para ajudar a tirar o projeto do papel, pois sabiam exatamente como era estar na rua e começando como estava acontecendo comigo.

Descobri mais tarde que Griff tinha dito a eles que eu era o "artigo genuíno". Em outras palavras, com meu longo histórico de falta de moradia, eu era verdadeiramente oriundo das ruas. Ainda trabalhava na rua, desenhava para sobreviver, e eles me respeitavam por isso.

Entreguei a Thierry um desenho de George, o Cão, e a Stik alguns outros esboços que levava comigo, pois queria lhes dar alguma coisa em troca. Eles agradeceram e me desejaram sorte.

Stik e Thierry Noir fazendo planos.

Fui ao escritório de Griff na rua Rivington depois, para falar de negócios. George também foi.

– O que exatamente você pode fazer por mim? – perguntei a Griff quando nos acomodamos ao redor de sua mesa.

– John, o que você quer que eu faça por você? – perguntou Griff.

– Me transforme em um artista rico! – respondi, meio que na brincadeira.

– Posso fazer isso! – retrucou ele.

– E por que você ia querer fazer isso por mim?

– Porque eu sou um cara legal.

Ele estava sendo claramente irônico, mas George e eu ainda trocamos olhares.

"Bobagem!", dizia o balão de pensamento compartilhado acima de nossa cabeça.

Perguntei direto a Griff o que ele queria em troca se eu efetivamente o contratasse como meu marchand. Griff explicou que começaríamos por dividir os ganhos sobre tudo que vendêssemos.

– Meio a meio? – perguntei, rindo. – Caramba, você não quer muito, quer?!

Ambos sorríamos ao final dessa conversa, e apertamos as mãos fechando negócio. Eu não ia começar a discutir por causa de dinheiro, mas também não ia assinar nada. Griff ficou tranquilo com isso. Não revelei, mas tudo que realmente desejava era não passar outro inverno na rua e esperava que ele fosse capaz de ajudar.

Griff me encheu de papel e canetas de boa qualidade; voltei à calçada e continuei a desenhar o outdoor. Não demorou muito para que Griff retornasse com mais notícias e ideias. Após a reação positiva que havia obtido de Stik e Noir, ele tinha esperanças de conseguir artistas de todo o mundo para colaborar no desenho do outdoor grande – e não estávamos falando de quaisquer artistas. Griff desejava enviar cópias serigrafadas a todos os artistas de rua famosos que conhecia pelo mundo, da Rússia a Berlim e da Colômbia a Los Angeles.

Isso me pareceu muito ambicioso. Eu não fazia ideia da qualidade dos contatos de Griff, portanto não podia julgar quão realista era a ideia, mas confiava nele após a reunião com Stik e Noir. Não me perguntem como ou por quê, mas tive um pressentimento muito forte de que tudo daria certo.

Griff também me pediu que desenhasse outros prédios de Shoreditch em escala maior, além dos que eu costumava desenhar, e que produzisse muito mais cenas da High Street e desenhos de George.

– Por quê? – perguntei. Não conseguia enxergar o motivo pelo qual ele estava pedindo os outros desenhos. Esses não pareciam se encaixar na ideia da colaboração.

– Porque se você conseguir reunir tudo isso, nós podemos organizar uma exposição – respondeu Griff. A explicação me fez estacar. Meu trabalho seria exibido em uma galeria? E não apenas isso, seria uma exposição individual e, se tudo corresse como o planejado, meu trabalho seria endossado e embelezado pelas lendas globais da arte de rua. Era quase demais para suportar.

– Exatamente de quantos desenhos você precisaria para isso? – perguntei. Por mais entusiasmado que estivesse, eu tinha de ter certeza de que realmente conseguiria fazer o que ele estava pedindo.

– Além das colaborações com os artistas de rua? Cinquenta da High Street e cinquenta de George, o Cão – respondeu ele.

Era um monte de trabalho, especialmente por eu não estar acostumado a sofrer qualquer tipo de pressão para desenhar.

– Quando você organizaria a exposição? – perguntei hesitante.

– Daqui a mais ou menos quatro ou cinco meses.

– Onde?

– Ainda não resolvi.

– Tudo bem, é melhor eu voltar rápido a trabalhar então – concluí.

Eu exibia um amplo sorriso, porém minha mente girava. Não estava acostumado a ter essa quantidade de responsabilidade sobre os ombros, mas decerto não queria dizer nem fazer nada que estragasse a oportunidade. Era a maior chance de minha vida e minha maior esperança de por fim fazer alguma coisa para garantir meu futuro e o de George. Era também minha chance de deixar minha família orgulhosa.

Capítulo dezenove

– John, preciso saber, você tem algum problema? – era Griff e foi a primeira vez que o vi enfezado.

Eu soube de imediato ao que ele estava se referindo, e levantei-me, encabulado. Percebi que não era hora para papo furado.

– O que você está querendo dizer?

– Bebida, drogas?

Não fazia sentido tentar enganá-lo. Ele havia feito muito por mim, e eu não queria quebrar a confiança que havia se desenvolvido entre nós.

– É, eu tenho. Tenho um problema com drogas que já vem de muitos anos. Posso explicar.

Envergonho-me de dizer que não havia conseguido largar o vício da droga, mesmo após ter adotado George. Havia reduzido a heroína ao menor consumo diário, apenas o suficiente para impedir que os sintomas da abstinência se insinuassem. As pessoas que me viam na High Street jamais saberiam que eu tinha o problema. Griff levou muito tempo para descobrir.

A questão era que eu funcionava normalmente, e não era o drogado típico, de aparência desgrenhada, tenso, com pele ruim e olheiras. Eu estava mais arrumado desde que possuía o apartamento e conseguia trabalhar e conversar muito bem com as pessoas na rua todos os dias. Infelizmente, não havia sido capaz de largar os últimos vestígios de meu vício, por mais que tivesse tentado.

Contei tudo a Griff; eu devia-lhe a verdade. Também queria que ele soubesse que eu não havia tentado enganá-lo. Estava tão habituado a controlar meu problema do jeito que fazia que aquilo era uma segunda natureza para mim, e nunca senti necessidade de discutir o assunto com ninguém.

Ele ouviu, então disse com toda a calma:

– John, preciso saber se você consegue produzir a exposição. Posso confiar em você para fazer os desenhos?

– Pode, eu consigo fazer isso, não vou te deixar na mão – respondi. – Vou ao médico amanhã para entrar em um programa de desintoxicação. Nunca tive um incentivo como esse antes. Vou fazer isso.

Pouco depois, Griff tomou o que ele chama de sua decisão de "cruzar o Rubicão", o que teve muito mais a ver com intuição e instinto do que com negócios. Ofereceu-me um adiantamento de mil libras pelos desenhos da High Street e de George, o Cão, na esperança de que isso me mantivesse concentrado e me desse o impulso de que eu precisava para cumprir minha parte do trato.

– Vou aceitar cem libras – disse eu, pois não queria torrar o dinheiro nem tinha conta bancária. – Você pode guardar as outras novecentas para mim?

Acho que Griff ficou surpreso com minha reação, mas concordou, e guardou o dinheiro em seu escritório, explicando que estaria lá na hora que eu quisesse.

Griff contou que, antes disso, nunca havia experimentado nada igual à pressão que sentiu nos meses que antecederam a exposição.

– Nem todas as mostras de arte têm a vida de alguém em jogo – diz ele às pessoas agora, mas foi esse o meu caso. Era ou vai ou racha para minhas finanças, minha saúde, minha vida inteira. E o futuro de George também dependia disso.

Griff hoje desmerece a situação, mas na época não foi nada engraçado. Fazia poucos anos que ele estava no comércio de arte quando começamos a planejar a exposição, e ele já estava gastando montes de dinheiro para organizar os festivais de arte de rua em Dulwich e Chichester. Havia desembolsado centenas de libras em material para mim e atraído dois artistas de rua importantes como Stik e Thierry Noir para fazer a bola rolar. Agora estava me oferecendo um adiantamento antes que o desenho em colaboração, como ele o chamava, tivesse ao menos sido produzido, e trabalhava regularmente até as duas da manhã para organizar tudo. Aquilo realmente tinha de dar resultado.

Mesmo com toda essa pressão, Griff teve uma ideia brilhante para o desenho em colaboração. Se conseguisse me proporcionar o acesso a algum telhado nas proximidades, eu seria capaz de incluir o muro do Village Underground no desenho, e esse seria um lugar melhor que o outdoor para mostrar a arte de rua. Além disso, a linha do horizonte de

Londres seria incrível acima da rua Shoreditch High e para eu desenhar tudo isso representaria um novo desafio. Ele desdobrou-se para me garantir o acesso ao topo de um edifício de escritórios atrás do Tesco, que se elevava acima da High Street e ficava no lado oposto a meu ponto habitual. Griff literalmente me tiraria da calçada e me arrastaria até lá em cima, com cavalete, George e tudo. Sempre que não estava por perto, ele providenciava para que sua assistente Carina me acompanhasse, como havia dito que faria. A localização era excelente. Além do muro do Village Underground, eu via atrás dele os vagões de trem convertidos que eram usados como estúdios de arte, e depois deles as torres Heron e Broadgate, com a ponta do Gherkin visível à esquerda. Em primeiro plano, a via do metrô de superfície curvava-se a partir da esquerda, com a rua movimentada embaixo e a malafamada sauna Chariots escondida atrás dos trilhos.

Assim que comecei a trabalhar na linha do horizonte, senti uma onda de confiança e passei a acreditar ainda mais em mim. Queria que o desenho ficasse absolutamente perfeito e não me apressei, dando duro todos os dias. Foi um processo cansativo e as condições não eram das melhores. Os funcionários dos escritórios torciam um pouco o nariz quando me viam com George, carregando meu cavalete e todas as minhas tralhas ao passar por seu local de trabalho. O tempo tampouco estava magnífico, e perdi vários dias por estar muito úmido e ventando para nos empoleirarmos no telhado. Com o passar dos dias, comecei a tirar fotografias da linha do horizonte, para poder trabalhar no desenho à noite em meu apartamento.

Para ajudar a divulgar meu trabalho, Griff contratou um cineasta local, Will Robson-Scott, para fazer um documentário de curta-metragem a meu respeito. Gostei muito da experiência, pois Will me levou a todos os meus velhos locais, inclusive à prisão de Pentonville. No caminho, eu dizia aos motoristas de táxi:

– Estamos fazendo esse filme porque estou prestes a explodir no cenário artístico!

Enquanto Griff estava fora, no festival de arte de rua em Chichester, fui abordado por dois roqueiros que pertenciam à banda Heaven's Basement. Eles seriam entrevistados em um programa da Radio 1 pela DJ Alice Levine. O formato do programa exigia que os convidados levassem um presente para Alice e para o coanfitrião masculino. Os dois músicos me pediram para fazer um desenho dos DJs, o que fiz. Na época, rostos femininos não eram o meu forte, e pedi aos caras que explicassem isso a Alice, pois não havia ficado satisfeito com o desenho dela – na realidade, ficou uma porcaria. Assim que os músicos começaram a passar minha mensagem no ar, Alice comentou:

– Não me diga, o ponto forte dele não é desenhar rostos femininos!

A observação foi recebida com muitas risadas, mas, no final das contas, estavam falando de mim. Os músicos certificaram-se de me descrever em detalhes, contando a Alice que eu me sentava na calçada desenhando, com George ao meu lado.

Considerei isso prova ainda maior de estar de fato fazendo nome como artista. Haviam falado de mim na rádio nacional. Tudo estava se aglutinando da forma que eu esperava.

Nunca trabalhei tanto na vida como na primavera de 2013. Produzia desenhos da High Street e de George, o Cão, o mais rápido possível e vendia-os aos passantes para manter a mim e a George alimentados e abrigados, e então Carina aparecia para me levar até o telhado a fim de trabalhar no desenho para a exposição. Quando escurecia, eu estava vesgo e com os dedos doendo, mas o trabalho e o senso de objetivo faziam com que me sentisse fantástico.

Tenho de admitir que, quando era adolescente e vagabundeava por aí sem emprego e sem perspectiva, não via sentido em trabalhar feito escravo, só para dar um monte do meu suado dinheiro para o imposto de renda. Agora eu tinha uma visão totalmente diferente. Estava por fim aprendendo quão gratificante era cumprir um dia de trabalho honesto e produtivo.

Às vezes, Les me convidava para jantar, e eu lhe enchia os ouvidos acerca do quanto estava trabalhando.

– Não estou sentindo a menor pena – dizia ele. – Vá em frente. Você está fazendo tudo certo.

George sentava-se ao lado dele balançando a cabeça em concordância e depois do jantar eu pegava a caneta e fazia mais alguns desenhos de George, o Cão enquanto continuávamos a conversar e George cochilava no chão.

Griff estava desesperado para fazer cópias do desenho da linha do horizonte londrino para enviar aos artistas de rua e checava meu progresso todos os dias.

– Não estou com pressa – explicava eu. – Pare de se preocupar. Estou fazendo o desenho.

Mas Griff *estava* preocupado, tanto que decidiu adiar a exposição para setembro. Isso não apenas me daria mais tempo para concluir os desenhos da High Street e de George, o Cão, que ele queria para a mostra, como também lhe concederia mais tempo para aprontar o máximo possível de colaborações.

O ramo da arte era um mundo completamente novo para mim, e eu era todo ouvidos quando Griff me contava como pretendia fazer com que os artistas se juntassem a nós. Ele explicou que alguns artistas que conhecia estavam bastante dispostos a ajudar e já haviam demonstrado interesse, como Stik e Thierry, mas outros necessitariam de um pouco mais de persuasão, fosse por não gostarem que lhes pedissem para trabalhar em colaborações ou apenas por serem muito ocupados e difíceis de localizar. Griff conhecia muitos nomes importantes e se encontraria com vários artistas de rua famosos durante os festivais que estava organizando em maio e junho, mas queria fazer a bola rolar antes disso se possível.

– ROA está na cidade – disse ele. – Consegui uma parede grande para ele na rua Bethnal Green, atrás do KFC. Quero que você vá se encontrar com ele, leve um desenho do outdoor, explique a ideia e pergunte se ele vai colaborar.

Griff havia me contado tudo sobre ROA e fiquei horrorizado ante a perspectiva de abordar alguém de sua estatura.

– ROA? O cara que faz aquelas aves e animais grandes e monocromáticos? Que desenhou aquele ouriço gigantesco na rua Chance?

– É, John.

– Mas ele é uma lenda.

– E também é um artista "compromisso zero".

– E isso quer dizer o quê?

– Que ele não vai fazer nada que não queira fazer.

Fiquei muito intimidado, mas Griff explicou que eu teria muito mais chance de que ROA colaborasse se fosse vê-lo pessoalmente e lhe explicasse o que estava fazendo. Queria que eu lhe entregasse o desenho para que ele decidisse se participaria ou não.

Isso me pareceu um atrevimento, mas Griff foi bastante persuasivo.

– Me encontra lá na terça-feira, que vou apresentá-los – disse ele.

Concordei com relutância. Griff providenciara um repórter do *Metro* para entrevistar ROA, e já havia dito ao sujeito:

– Você pode conhecer os dois extremos do espectro. ROA, o artista superstar e John Dolan, o artista que ainda está na rua.

Eu não queria decepcionar Griff, mas estava nervoso à beça quando George e eu nos encaminhamos à rua Bethnal Green. Chovia a cântaros e por todo o caminho senti vontade de girar nos calcanhares e voltar para a High Street ou para meu apartamento, só para evitar o estresse de abordar ROA.

Griff já estava no local com sua assistente Carina e o artista Christiaan Nagel, conhecido por suas esculturas de cogumelos instaladas em lugares estranhos e maravilhosos em todo o mundo.

– Bem, ROA parou para descansar e está conversando com o repórter do *Metro* – disse Griff, conduzindo-nos a uma viela. – John, você só precisa entrar e conversar com ele quando tiver chance.

Olhei para ROA com respeito, então todos esperamos alguns minutos enquanto ele terminava de dar sua entrevista para o *Metro*. De repente, Griff estava fazendo uma coisa louca com as sobrancelhas e movendo a cabeça em direção a ROA, que comia um sanduíche.

– Agora é a tua chance – disse Griff. – Vá falar com ele.

Respirei fundo, aproximei-me de ROA e me apresentei. O cara do *Metro* continuava ali e percebeu que era essa a reunião dos "dois extremos do espectro" que Griff havia mencionado. O repórter me fez uma ou duas perguntas, o que ajudou a quebrar o gelo, e em seguida George também entrou em cena, olhando ansiosamente para o almoço de ROA. Tiramos uma fotografia que realmente capta o momento. Eu tinha levado caneta e papel e estava desenhando um prédio, ROA estava comendo seu sanduíche e George olhava para a comida. É uma foto excelente.

Enfim, eu continuava muito nervoso por ter de pedir a ROA que colaborasse em meu trabalho, e então percebi que ele estava prestes a voltar a seu mural.

– Você vai estar aqui amanhã? – perguntei, tendo decidido me despedir enquanto estava por cima.

– Vou – respondeu ele.

– Tudo bem se eu voltar amanhã?

– Claro, sem problema – disse ele.

No dia seguinte, encontrei ROA sozinho, ouvindo música, empoleirado no alto de um guindaste móvel. Fiquei ali vendo, fascinado, como ele controlava a lata de spray e esperei pelo momento propício antes de me aproximar e tornar a falar com ele.

Por fim, ROA saiu do guindaste e subiu alguns degraus até um telhado vizinho, para dar uma olhada no andamento do trabalho. Se Griff estivesse ali, eu sabia que nesse momento teria dito: "Vá até lá, faça de uma vez. Vá lá falar com ele", portanto foi o que fiz.

ROA estava ouvindo música grime no celular. Também sou grande fã de grime, então começamos a papear a respeito, e nos demos muito bem. Acabei por relaxar e conversar por duas horas, sabendo o tempo inteiro que teria de reunir coragem e mencionar meu trabalho antes de partir.

Mais à frente, abordei o assunto, explicando a ideia de Griff de pedir a artistas de rua que desenhassem no outdoor, e contando-lhe que a ideia havia evoluído e eu também estava trabalhando em um desenho da linha do horizonte de Londres, para que os artistas desenhassem no muro do Village Underground.

– Você não pensaria na possibilidade de fazer um, pensaria? – perguntei.

– Tudo bem – disse ele simplesmente. – Sem problema.

Todo o estresse acerca do pedido havia sido desnecessário. Ele era um cara agradável, certamente não alguém com quem eu deveria ter sentido medo de falar. Agradeci e conversei mais um pouco. Ao deixar o telhado, coloquei um desenho do outdoor em sua bolsa e cruzei os dedos.

O mural de ROA era uma multidão incrível de aves e outros animais entrelaçados e causou grande sensação. Na semana seguinte, o artigo do *Metro* foi publicado e, para meu espanto, fui incluído. Eu não esperava de modo algum chegar a ser impresso e fiquei completamente atordoado, não menos pelo fato de o artigo mencionar Banksy também. "Puta que pariu", pensei, olhando para George com ar de descrença. "Fui mencionado no mesmo artigo que ROA e Banksy, em um jornal londrino!"

A essa altura, eu considerava Griff capaz de conseguir qualquer coisa. Acreditava completamente nele e admirava muito seu entusiasmo e determinação. Se ele havia conseguido me colocar no *Metro* desse jeito, tudo era possível. Ele continuava procurando locais adequados para a exposição e a data ainda estava para ser marcada, mas a coisa definitivamente avançava, e ver meu nome impresso foi mais uma prova de que algo grande estava acontecendo. Eu estava convencido que não seria uma exposição qualquer, eu me tornaria alguém importante e usaria minha arte para inspirar outras pessoas desabrigadas.

– Você consegue fazer com que Bruce Springsteen venha à exposição? – perguntei, brincando apenas em parte, pois a meus olhos, Griff possuía a melhor agenda de contatos em Londres e podia mexer os pauzinhos que quisesse.

Griff soltou uma gargalhada, e acho isso engraçado, pois agora sei que ele é apenas um idiota comum.

Telefonei para minha irmã Jackie no dia em que o artigo do *Metro* foi publicado. Durante todo o tempo que passei em

Shoreditch, mantive minha irmã Jackie informada a respeito do que estava acontecendo em minha vida, ligando aproximadamente a cada seis meses como sempre havia feito ao longo dos anos em que estivemos separados. Havia explicado que sentava na calçada com George e havia contado a Jackie que o copo ficava na frente do cachorro. Quando comecei a desenhar, mencionei isso também, pois as notícias correm rápido no East End e eu não queria que ela descobrisse por outra pessoa o que eu andava fazendo.

– Leia o *Metro* – disse eu. – Fui mencionado no mesmo artigo que Banksy!

– Verdade? – perguntou ela. – Você está falando sério?

Eu precisava fazer uma pergunta e aquele me pareceu o momento perfeito.

– Jackie, quero que você venha à noite de inauguração da exposição. Estão fazendo um estardalhaço a meu respeito em Shoreditch no momento. Você tem que vir!

Jackie me ouviu explicar como me sentia acerca da exposição e o quanto era importante que ela comparecesse.

– Fiquei longe de vocês todos esses anos por causa do meu estilo de vida – disse eu. – Mas estou pronto para ter minha família perto de mim outra vez. Vai ser meu jeito de pedir desculpas e finalmente deixar vocês orgulhosos do irmão caçula.

– É, John, estava mais que na hora! – brincou Jackie. Acho que ela não sabia o que dizer – era um pedido importante após não nos vermos por tantos anos. Essa foi a primeira vez em minha vida que lhe telefonei com boas notícias, e deve ter parecido muito pouco provável que um ladrãozinho de primeira de repente houvesse se transformado em um artista de boa-fé, e que faria uma exposição individual em Londres.

Perguntei por David e Malcolm e disse à Jackie que desejava que eles também fossem à exposição.

– Por favor, convença os dois a irem, Jack? Para mim, será a coisa mais importante do mundo ter todos vocês lá.

A pobre Jackie estava realmente em situação difícil.

– Não posso prometer nada – respondeu. – Sei que tanto David quanto Malcolm estão trabalhando e estão muito ocupados...

Era evidente que ela não sabia se acreditava que a exposição de fato aconteceria e, de qualquer forma, não podia responder por David e Malcolm.

– Me mantenha informada – pediu Jackie antes de nos despedirmos. – Me diga quando você tiver marcado a data e tudo mais. Boa sorte, John.

– Vou fazer isso – retruquei. – E mal posso esperar.

Capítulo vinte

Eu queria e precisava que nossa exposição fosse um sucesso e o fato de ter ido ao encontro de ROA sem a menor vontade e sob chuva torrencial mostrou a Griff o quanto eu estava levando a coisa a sério. Deu-lhe confiança em tudo que estávamos fazendo. Eu sentia o *momentum* aumentar o tempo todo e acordava muitas vezes pela manhã já pensando na exposição, sentindo-me cheio de entusiasmo e expectativa.

Levei sete árduas semanas para concluir o desenho da linha do horizonte, mas ele finalmente ficou pronto. Era sem dúvida o melhor desenho que eu tinha produzido. Em maio, Griff foi ao festival de arte de rua que estava organizando em Dulwich, levando montes de cópias do impresso da linha do horizonte. Fiquei para trás, na High Street, desenhando todos os dias, para produzir o restante do trabalho para a exposição, bem como ganhar algumas libras por fora a fim de assegurar minha sobrevivência e a de George.

Concentrava-me tanto no trabalho na maioria dos dias que ele se tornou quase meditativo; George sentava-se quieto ao meu lado e eu trabalhava em silêncio, sem perceber a passagem do tempo nem as pessoas na rua, a não ser que falassem diretamente comigo.

Stik aparecia de vez em quando e se sentava conosco. Ele também é oriundo de um passado de falta de moradia e tínhamos muito em comum. Começávamos a cultivar uma verdadeira amizade. Stik me dava muita força, dizendo que eu tinha talento e que merecia muito sucesso; eu era grato a ele, pois às vezes *precisava* que me lembrassem disso.

Apesar de todo o entusiasmo e energia em minha vida, eu continuava a vivenciar momentos em que minha depressão erguia devagar sua face ameaçadora e me dava um chute no saco, só para me lembrar que não havia desaparecido. É esse o problema em ter um histórico de problemas mentais. Sentia-me não apenas melancólico ou para baixo; minha depressão é uma condição médica sobre a qual não tenho controle quando decide me fazer uma visita. E, quando isso ocorria, eu mergulhava em humores extremamente pessimistas.

– E se tudo isso for só fogo de palha? – perguntei a Stik em um dia particularmente ruim.

– Não, não é, John. Você precisa continuar a acreditar em si mesmo. – Ele me conduzia e estimulava o tempo todo, o que muito me ajudou.

George, como sempre, continuava a ser uma constante fonte de inspiração. Ele era meu talismã e por vezes eu olhava para ele apenas para me lembrar de quão longe tinha ido desde que nos conhecemos. Eu era uma completa bagunça quando o adotei, e vejam onde estávamos àquela altura. No fundo, eu sabia que a exposição seria um sucesso, mas disse a mim mesmo que o quer que acontecesse depois, eu já conseguira muito na vida, graças a George.

– Seu sacana – eu ainda dizia o tempo todo. Não importava que ele estivesse tentando roubar um pouco de comida ou comportando-se de forma impecável, deitado no chão ao meu lado enquanto eu desenhava.

– Você é um sacana; você sabe disso, não sabe? – perguntava eu e ele olhava para mim com olhos que diziam: "É preciso um para conhecer o outro." Éramos uma dupla de almas perdidas que haviam se encontrado e agora estavam para sempre unidas, para o que desse e viesse. Independentemente do que acontecesse após a exposição, eu sabia que continuaria a desenhar e finalmente ganhar a vida de forma honesta; sabia também que nunca mais voltaria para a prisão, pois George estava ao meu lado para me manter na linha.

A única nuvem negra que pairava sobre mim e ameaçava destruir tudo era meu problema com a droga. Eu ainda não havia conseguido largar o vício. Tinha chegado a descobrir exatamente que tipo de ajuda estava disponível e onde obtê-la. Prometera a Griff que eu resolveria essa dificuldade a tempo da exposição, mas não era fácil cumprir. Continuava tentando reunir coragem para ir ao médico, pois sabia o quanto o processo seria difícil com o estresse da exposição iminente e todo o trabalho que ainda tinha de concluir.

Eu ficava repetindo a mim mesmo que precisava resolver o problema antes da exposição, e esse se tornou meu objetivo na vida. Devia isso a Griff e a todos os outros que haviam trabalhado comigo e acreditado em mim. O sucesso e a resposta positiva que Griff obteve em Dulwich foram mais um motivo para que eu me empenhasse. Tinha de começar a acreditar que se chegara tão longe, então poderia avançar um pouco mais e me desintoxicar.

Griff tinha começado a receber feedback sobre a colaboração, e ele e ROA tiveram a ideia de dar aos artistas a liberdade de acrescentar seu trabalho a outras partes da paisagem urbana, bem como ao muro do Village Underground.

– Acho que devíamos usar a física do mundo real – explicou ele ao telefone certo dia –, e sugerir que os artistas só pintem locais que poderiam ser alcançados na vida real. O que você acha?

– Estou entendendo o que você está querendo dizer, garoto bacana – disse eu, tentando irritá-lo. – Você quer usar só as paredes e as linhas de trem, como eles fariam se estivessem pintando na rua?

– Exatamente. Vai parecer uma arte de rua de fantasia.

– Parece bom. Gostei muito da ideia. Física do mundo real, hein? O que você acha, George?

George olhou para mim com ar inexpressivo. Estávamos nas mãos de Griff, o que era bom para variar. Sentia-me feliz por deixar essa parte do trabalho para ele. A essa altura, já tinha ouvido e visto o suficiente para saber do que ele era capaz e que podia confiar nele. Thierry Noir compareceu ao evento em Dulwich com Griff e graças ao encontro que tivemos no café, havia entendido o projeto e estava preparado e disposto a ajudar. Foi ele o primeiro artista a adicionar seu nome e seu trabalho ao meu desenho da linha do horizonte. Sou imensamente grato, pois isso gerou uma espécie de efeito bola de neve.

– Além do muro do VU, desenhe nos cantos e recessos, o tipo de coisa que você normalmente faria na vida real – Griff mencionou a Thierry, sabendo que ele era muito condescendente e não se incomodaria de ser orientado dessa forma.

Thierry ficou feliz em atender. Desenhou seus clássicos rostos de contorno preto no muro do VU, pintou-os de vermelho vivo e acrescentou um par de desenhos em um cartaz e na traseira da van abaixo dos trilhos do metrô.

Além de Thierry, havia vários artistas de rua com Griff em uma casa em Dulwich para o festival, inclusive ROA, RUN, da Itália, e Liqen, da Espanha. Griff deixou o trabalho de Thierry sobre a mesa para que todos vissem e certo dia ROA começou a olhar para ele.

Na realidade, ROA não havia terminado o desenho do outdoor que eu dera a ele na rua Bethnal Green, mas era evidente que se lembrava do nosso encontro e continuava interessado na ideia e no que Thierry havia feito.

Ora, a contribuição de ROA estava prestes a agitar as coisas, pois todos os outros artistas sabiam que ele só se envolvia em projetos interessantes. Uma noite, ele sentou-se à mesa e desenhou uma ave na ponte do trilho do metrô. Esse pequeno esboço realmente abriu as comportas e depois de ROA mais artistas na casa em Dulwich engajaram-se no projeto: Liqen, por exemplo, acrescentou um deus grande às nuvens em outro impresso. Nesse meio-tempo, Griff havia postado dezenas de cópias a outros artistas de todo o mundo. Alguns já haviam acrescentado seu trabalho, aderindo à ideia original, mas após ver o brilhante trabalho de ROA e Liqen, Griff incentivou os demais a fazer o que desejassem.

Stik deu uma contribuição marcante logo no início, com um imenso boneco palito amarelo que ocupava toda a torre Broadgate. RUN, Dscreet, BRK e Malarky também deram incentivos realmente incríveis, acrescentando sua interpretação do conceito. Alguns artistas colaboraram no mesmo impresso, o que eu não esperava em absoluto. A coisa toda era alucinante. O estilo distinto que cada artista levava para a mesa fazia com que cada colaboração contrastasse com as demais. Senti-me honrado e emocionado pela forma como os artistas estavam reagindo a meu trabalho. À medida que as cópias eram concluídas, Griff começou a despertar o interesse pela exposição, oferecendo algumas das colaborações a seus clientes, no que ele chamou de "pré-venda". Tudo isso era território novo para mim, então deixei Griff seguir em frente e esperei pelo melhor. Havia incluído um pequeno esboço de George no desenho da linha do horizonte, o que havia começado a fazer em todos os meus trabalhos, e tinha certeza de que isso funcionaria como um amuleto da sorte. Minha confiança no sucesso da exposição aumentava e eu estava ficando convencido de que venderia tudo; sentia isso nos ossos.

As colaborações começaram a chegar pelo correio, com selos e carimbos postais de todo o mundo. Pelo menos uma ou duas vezes por semana, um funcionário da Fedex aparecia no escritório de Griff com um tubo postal de papelão, então Griff me chamava para ir da High Street até lá para uma "inauguração". Era emocionante ver cada nova colaboração e como o artista havia optado por trabalhar com meu desenho. George e eu tínhamos nossa foto tirada a cada novo impresso, para registrar o momento.

A essa altura, eu começava a conhecer e me associar com mais e mais artistas. Certo dia, Rowdy, um velho amigo de Banksy, passou pelo estúdio e desenhou um crocodilo na linha do trem e depois uma cena noturna separada, muito colorida e incrivelmente detalhada. O resultado foi impressionante.

– Eu vinha dizendo a Griff que queria que alguém tomasse coragem e trabalhasse o céu e o desenho inteiro. E você fez isso! – eu disse a ele. Fiquei muito satisfeito. Também adorei o trabalho de Cityzen Kane, que representava um deus hindu sobre uma chapa dourada; ainda hoje é um de meus preferidos.

Alguns artistas pediram uma pequena percentagem do preço final de venda, mas a maioria colaborou de graça, pois eles lembravam-se do que era estar em minha situação, saindo do nada e construindo uma reputação a partir do zero.

Griff fazia o possível para marcar encontros com artistas internacionais que eu ainda não conhecia quando estavam na cidade, e era sempre uma emoção ser apresentado a eles, pois a cada novo contato, sentia-me um passo mais perto de me tornar um deles – um artista estabelecido. Mas por mais emocionante que fosse tudo aquilo, no processo de preparação para a mostra, eu por vezes me sentia muito inseguro: como se tivesse um pé no passado e outro no futuro.

Em alguns dias, eu era o antigo John, ainda sentado na rua com George e seu copo, com a sensação de sermos uma dupla de mendigos. Eu estava vendendo muitos desenhos a essa altura, pois minha reputação crescia o tempo inteiro, mas havia períodos em que passava horas seguidas sem ganhar um tostão, pois é isso o que ocorre na rua. Durante os momentos de estagnação, eu sofria de surtos de depressão e receava ter voltado à estaca zero. Era irracional, pois eu sabia que a exposição seria extraordinária, mas não conseguia deixar de me sentir assim.

Outras vezes, eu flutuava, sentindo-me um perfeito artista. As pessoas aglomeravam-se a meu redor para me ver desenhar, ou Griff estava ao telefone me pedindo para ir até seu escritório, pois o sujeito da Fedex havia levado outro tubo proveniente de Madri ou de Nova York.

O mais inquietante era que nenhuma das versões de mim mesmo parecia permanente e meus sentimentos alternavam o tempo todo, o que significava que quando dizia às pessoas que eu conquistaria o mundo da arte, ouvia uma vozinha dentro da cabeça que advertia: "Espero que eu não esteja falando um monte de besteira aqui!"

Por vezes, eu levava George para um passeio em volta do quarteirão ou até o mercado de flores, só para arejar a cabeça e tentar entender a situação. "No que foi que eu me meti?", pensava. "E se eu realmente ficar famoso? Não *quero* ser famoso!" George continuava normal, assaltando latas de lixo atrás de comida jogada fora e caminhando nos meus calcanhares sempre que recebia o comando. Era reconfortante vê-lo assim; nem tudo em minha vida estava mudando e eu tinha ao menos uma constante na qual me apoiar, meu melhor amigo George.

Por volta dessa época, recebi outra carta do Conselho e, no dia em que chegou, senti-me definitivamente o velho John Dolan, o canalha estúpido. A carta era uma cobrança de oitocentas libras por aluguéis atrasados. O mais assustador era ter de pagar o montante em uma semana ou ser despejado, e eu simplesmente não dispunha do dinheiro.

Havia deixado o pagamento das contas completamente de lado. Vinha me concentrando em produzir os trabalhos para a exposição e, em certos dias, rejeitava a torto e a direito pessoas que queriam comprar meus desenhos na High Street. A essa altura, Griff também me pressionava para que produzisse alguns desenhos grandes e originais de prédios que registravam o desenvolvimento do bairro, e eu havia feito menos da metade dos cinquenta trabalhos de George, o Cão, e dos cinquenta da High Street que havia prometido entregar.

Eu estava suando e em pânico. Sentia-me fisicamente doente ante o pensamento de ser despejado do apartamento. O imóvel havia sido um lar para mim e para George durante três anos, e a perspectiva de falta de moradia nessa etapa da vida era impensável. Eu estava com mais de 40 agora, muito velho para voltar às ruas, e mal conseguia acreditar que houvesse me metido em tal confusão no momento em que minha vida começava a mudar.

Ainda assim, não queria pedir a Griff as novecentas libras que ele estava guardando para mim no escritório, mesmo que fosse a coisa mais simples a fazer. Era uma questão de orgulho. Eu não desejava o constrangimento de ter de explicar que estava prestes a perder o teto sobre minha cabeça e não tive coragem de ir procurá-lo de chapéu na mão, não a essa altura, especialmente depois de tudo que ele estava fazendo por mim.

Capítulo vinte e um

Eu havia provado uma vez que podia saldar minhas dívidas vendendo desenhos na High Street, então ergui os ombros e resolvi fazer o mesmo novamente. Meu antigo eu nunca teria tido a garra de chegar a essa conclusão, mas as coisas haviam mudado. Encontrava-me em uma encruzilhada da vida e tinha escolha: afundar ou nadar. Eu sabia que se me esforçasse, poderia ganhar o dinheiro do aluguel em poucos dias. As pessoas vinham perguntando se podiam comprar os originais dos prédios maiores nos quais estava trabalhando para a exposição, e eu estava ciente de que poderia ter pedido centenas de libras por eles. Não venderia os trabalhos destinados à mostra, pois não teria sido justo com Griff, mas decidi dar um tempo nesses trabalhos e começar a fazer mais desenhos de George, o Cão, e dos prédios para vender aos transeuntes.

Mal parei para respirar nos quatro dias em que me sentei na calçada congelada e, embora isso quase tenha me matado, foi o que fiz. Consegui levantar dinheiro suficiente para quitar meu débito com o Conselho e assegurar nossa casa.

Mais do que nunca, esse fato me conferiu um verdadeiro sentimento de realização. Eu não precisava de ajuda: conseguia sair de uma má situação. Se George havia se tornado meu salvador, meu talento havia salvado a nós dois. Eu não queria lobos dobrando a esquina de minha rua, muito menos outra vez à minha porta. Continuei a desenhar, concentrado na produção de trabalhos para a mostra, e senti-me grato por cada moeda que os passantes colocaram no copo de George, já que era esse o dinheiro que teria de nos manter por um tempo.

E foi esse o motivo por que eu estava na rua naquele fatídico dia em que Griff aproximou-se e anunciou que havia vendido cinco colaborações em pré-vendas pela vertiginosa quantia de 15 mil libras. Foi um momento verdadeiramente decisivo em minha vida, que nunca vou esquecer.

É claro que o dinheiro ainda não estava de fato no banco, pois havia faturas a serem enviadas, mas não importava. Eu não estava desesperado para colocar a mão no dinheiro; o que ele significava era muito mais importante. O imenso sucesso da pré-venda era a prova de que as esperanças e sonhos que eu havia acalentado nos meses anteriores estavam por fim se tornando realidade.

Não mencionei o dinheiro a ninguém, a não ser a minha irmã Jackie, pois sabia que precisava convencê-la a ir à exposição. Não tenho certeza se ela acreditou em tudo que eu disse, mas por mim tudo bem.

– Esse tal de Griff... ele é legal? – perguntou ela hesitante, depois que mencionei as pré-vendas. – Você pode confiar nele?

– Posso, Jack, não se preocupe. Só me promete que vai à exposição.

– Tudo bem, John, vou fazer o possível.

– Promete que vai convencer David e Malcolm e toda a família deles a ir também? Quero muito que estejam todos lá.

– Vou tentar, mas como eu disse, sei que os dois estão muito ocupados no momento.

Eu ainda não estava convencido de que ela houvesse acreditado em nada daquilo. E não podia culpá-la se assim fosse. Os meses que antecederam a exposição passaram em um instante. Eu desenhava dia e noite, como uma máquina, e todos os dias Griff mencionava algum outro artista.

– OK, até agora temos Steve ESPO Powers, Zomby, Pablo Delgado, Mad C, Flying Fortress, CEPT, Gaia, C215... – recapitulava ele, lembrando todos que haviam concordado em colaborar. Eu ouvia novos nomes todos os dias e mal conseguia acompanhar.

Griff possuía montes de livros sobre arte de rua no estúdio, e, em cada momento livre que tinha, eu folheava-os na tentativa de aprender quem era quem e o que os tornava conhecidos. Não foi fácil; no final, quase quarenta artistas contribuíram.

Precisávamos de um local adequado para sediar o evento e após meses de procura, Griff e sua equipe conversaram com as pessoas que estavam reformando o prédio 189 da rua Shoreditch High, perto da antiga loja Leather & Suede. Foi uma bela reviravolta do destino. Eles sabiam quem eu era, pois haviam me visto todos os dias sentado diante da caixa de eletricidade do outro lado da rua, e ficaram mais que satisfeitos em permitir que usássemos o andar térreo enquanto continuavam a reformar o restante do edifício. Eles eram fãs de meu trabalho e um deles chegou a comprar um desenho meu.

Quando desenhei pela primeira vez aquele prédio três anos antes, enxerguei-o apenas como um local velho e desgastado que poderia usar para estudos, até que fosse bom o suficiente para ir a Hampstead desenhar casas chiques. Se tivessem me dito na época que eu faria minha própria exposição no prédio, teria retrucado que a pessoa estava louca. Mas lá estava eu, preparando-me para organizar minha primeira exposição no 189 da rua Shoreditch High.

O prédio, é óbvio, parecia bastante rústico, já que era tecnicamente um canteiro de obras, mas isso não nos dissuadiu; na realidade, era mais um atrativo e vinha a calhar de forma perfeita com minha imagem e o etos de meu trabalho, oriundo das ruas. Griff colocou um cartaz simples do lado de fora que indicava "Howard Griffin Gallery" e preparou um panfleto para anunciar a exposição. A inauguração foi marcada para 19 de setembro de 2013, às 7:30 da noite. Eu mal podia esperar.

Capítulo vinte e dois

Chamamos a mostra de "George, o Cão; John, o Artista". Foi ideia minha; pareceu-me bastante apropriado e simples. Um lado do panfleto exibia a colaboração de Thierry Noir e ROA, o outro, uma foto minha na calçada desenhando, com George de casaco sentado diante do copo de papel enfiado em um rolo de fita isolante.

"Você pode achar que não conhece John Dolan, mas ele é o artista mais famoso de East London", dizia o anúncio. "Dolan senta-se todos os dias com seu cão George na rua Shoreditch High e documenta a arquitetura circundante, fornecendo uma perspectiva singular da configuração cambiante da Shoreditch contemporânea."

O panfleto passava a listar alguns dos artistas de rua que haviam colaborado nos desenhos e terminava com a frase: "Esses artistas criaram obras únicas ao trabalhar diretamente nas paredes e estruturas que Dolan desenhou em sua paisagem urbana, registrando tanto o constante quanto o efêmero em uma cidade que está sempre mudando."

– Porra – disse eu quando vi aquilo. – Ele parece incrível, esse tal de Dolan. Quem é ele?

"Não faço ideia", dizia o focinho de George. "Parece um perfeito idiota."

Griff havia feito um excelente trabalho e ter o panfleto em mãos fez com que tudo parecesse muito real e iminente. Agora precisávamos garantir que as pessoas fossem à exposição. Comecei a entregar panfletos aos passantes na High Street enquanto desenhava. Eles paravam para conversar, desejar boa sorte ou, por vezes, me pedir para assinar o panfleto. Muitos me viam sentado ali fazia anos e haviam testemunhado meu crescimento como artista.

– Esse desenho que você está fazendo agora vai estar à venda? – algumas pessoas perguntavam. Elas apreciavam o fato de poder me ver produzindo o trabalho para a mostra; minha arte saía literalmente direto da rua.

Entreguei um panfleto a Gilbert & George certa noite, quando os dois passaram, como um relógio, no horário habitual. Ao afastarem-se, gritei:

– Eu gostaria muito que vocês fossem, mas estão perdoados se não conseguirem!

Eles não compareceram, o que, olhando para trás, foi uma bênção disfarçada; os dois teriam roubado a cena.

Precisávamos de ajuda para distribuir os quatro mil panfletos que havíamos imprimido, então chamei meu amigo Gary Rixon. Ele havia passado por momentos difíceis devido ao abuso de álcool e estava igualmente distante da família; eu queria que a exposição o ajudasse também. Conhecia o pai de

Gary e telefonei-lhe e o convidei para a mostra, pois desejava que Gary se reconciliasse com seus entes queridos, assim como esperava que minha família comparecesse.

– Sei que Gary não quer ver ninguém na sua condição atual – expliquei. – Já passei por isso e sei o que é, mas vou dar um jeito nele e ele vai à exposição. Sei que ele gostaria de ver você.

Griff estava dando duro no front publicitário e conseguiu um repórter da BBC para me entrevistar no período que antecedeu a mostra e filmar a noite de abertura.

Resolvi usar isso como trunfo para finalmente fazer com que Jackie e o restante da família acreditassem no que eu estava dizendo e comparecessem à exposição.

– Escute, Jack, a mostra vai ser realmente grande – disse eu ao telefone. – E você tem que vir. A BBC vai me entrevistar. Vou estar no jornal das seis.

– Sério? Que dia?

– Ainda não sei, mas informo mais perto da data.

– Tudo bem. Faça isso.

Era frustrante, pois eu percebia que Jackie ainda duvidava, mas não ia deixar que ela se safasse tão facilmente. Eu não me importava de me repetir ou parecer desesperado. Comecei a apelar, para ter certeza absoluta de haver passado a mensagem.

– Olha, Jack – disse eu. – Sei que tenho sido um completo idiota todos esses anos e sei que decepcionei todos vocês, mas essa é minha chance de finalmente me desculpar e mostrar que mudei. Quero tornar a me sentir parte da família, em vez de só ficar no telefone.

– Estou entendendo – disse Jackie em tom pensativo. – É que é muita coisa para assimilar. Já faz muito tempo, John, e isso tudo é demais para minha cabeça.

– Eu entendo, mas você tem que confiar em mim dessa vez, Jack. Você precisa vir. Eu já disse: o que quero é ter minha família por perto outra vez. Quero que você, Johnny e as meninas compareçam; quero que Malcolm e David também venham, com as mulheres e as crianças. Sei que eles já não são mais crianças, mas você sabe o que estou querendo dizer. Você vai fazer contato com eles por mim? Vai contar o que está acontecendo e levar todo mundo até lá? Sei que você consegue, Jack. Sei que pode falar com eles.

Percebi que Jack estava preocupada com o desfecho de tudo aquilo, mas por fim concordou em telefonar para Malcolm e David em meu nome.

– Obrigado, Jack – agradeci, inundado de alívio. Fazia muito tempo que eu vinha sonhando com isso e estava contando com o apoio de Jack para que tudo desse certo. – Por favor, convença todo mundo, Jack. Diga a eles que é muito, muito importante para mim, e que sinto muito por ter sido um babaca quando era garoto e por todos os problemas que causei à família todos esses anos. Diga a eles que tomei jeito e essa é minha maneira de pedir desculpas. Realmente quero todos perto de mim agora se vocês me aceitarem. Quero deixar vocês orgulhosos.

Eu não poderia ter falado mais a sério, e no dia seguinte Jackie telefonou para Malcolm e David e pediu-lhes que espalhassem a notícia para o restante da família.

Eu ligava para Jackie duas vezes por semana a essa altura e todas as vezes cumpria a mesma rotina.

– Como vai David? Como vai Malcolm? – perguntava. – Por falar nisso, Jack, eles vão à exposição?

– Não sei – respondia ela. – Para ser honesta com você, os dois estão realmente muito ocupados.

Eu entendia o fato de Jackie não poder prometer em nome deles e não querer que eu me decepcionasse, mas estava decidido a fazer com que minha insistência desse frutos.

Contei a Les todas as novidades, como fazia regularmente. Les vinha me preparando jantares e me incentivando desde que eu tinha conhecido Griff, mas no período que antecedeu a mostra, sua saúde começou a decair. Ele havia perdido tanto peso que parecia quase um esqueleto. Eu percebia que sua vida estava se esvaindo, mesmo que ele tivesse apenas 62 anos.

– Mostre a eles – disse Les. – Deixe sua família orgulhosa.

Era evidente que Les já estava muito orgulhoso de mim. Havia dito, recentemente, que me ouvir falar da exposição o fazia seguir em frente. Les havia me apoiado ao longo de toda a trajetória e prometeu aguentar para me ver saborear o sucesso da noite.

– Você merece se dar bem – disse. – Não tenho a menor dúvida de que vai fazer sucesso. Você só terá coisas boas resultantes dessa exposição.

Era maravilhoso ter esse apoio inabalável e as palavras de Les me faziam continuar à medida que a mostra se aproximava e eu trabalhava direto para concluir todos os desenhos.

Ver Les tão frágil e doente me fez perceber quão breve é a vida e que se eu continuasse a descuidar de meu corpo não demoraria muito para que acabasse por seguir pelo mesmo caminho. Por fim agarrei o touro pelos chifres e obtive uma prescrição para sair das drogas. Conservei a coragem por tempo suficiente para procurar o médico e me inscrever em um programa de desintoxicação. Na ocasião, foi como se a peça final do quebra-cabeça tivesse se encaixado no lugar. O sofrimento a curto prazo valeria a pena, pois eu sabia que Les estava certo. A vida ficaria cada vez melhor e eu não queria que nada a estragasse dessa vez. Era o que eu me dizia repetidas vezes enquanto passava pelas agonias e torturas da abstinência – suores frios, dores de cabeça e a dor terrível na base da coluna e nas pernas.

Não era apenas meu futuro que eu tinha nas mãos, era o de George também, e se realmente o amava eu tinha de persistir, sem transigências. Mantive-me firme e combati os sintomas dia após dia. Foi a coisa mais dolorosa pela qual já passei na vida. Se alguém que esteja lendo isso for louco o suficiente para pensar em usar drogas, por favor, desista. É um longo caminho rumo ao suicídio.

Capítulo vinte e três

No dia da exposição, comecei a me sentir incrivelmente apreensivo. Durante meses, havia sido eu a dizer a Griff que o evento seria um estrondoso sucesso. Meu nome já estava sob os refletores em Hollywood. John e George seriam superastros e o filme sobre minha ascensão meteórica da calçada ao auge do mundo da arte estaria nos cinemas em um ano. Meu otimismo e entusiasmo não conheciam limites, ao passo que era Griff a ter uma visão muito mais comedida e cautelosa dos acontecimentos.

Trocamos de papel à medida que as horas se passavam rumo à inauguração da mostra, pois de repente era eu que estava preocupado e sentindo um nervosismo de última hora e Griff mostrava-se otimista e positivo e tentava me animar.

– E se só aparecer meia dúzia de pessoas? – perguntei a Griff.

– Vai ser muito mais que isso, John – respondeu ele com confiança, embora fosse evidente que também estava sentindo a pressão.

Mantive-me ocupado naquela tarde saindo para comprar roupas novas.

– Não precisa se enfeitar demais – disse Griff.

– Não sou um mendigo – disse eu, piscando para George. – Acho que posso comprar alguma coisa pomposa para a ocasião.

Percebi que Griff me imaginava aparecendo todo paramentado, mas só comprei tênis novos e um casaco decente, com forro de lã. Também comprei roupas novas para Gary, pois queria que ele estivesse com a melhor das aparências para minha família.

A BBC havia me filmado a semana inteira na High Street e preparado a reportagem para coincidir com a mostra. Certo dia, eles me fizeram sentar sob a ponte dos trilhos do metrô porque estava chovendo e então o repórter me filmou diante da parede do Village Underground debaixo de um guarda-chuva, conversando com Martin Ron, o artista argentino.

– Temos que dar a impressão de que estamos conversando sobre arte – disse eu, rindo com certo nervosismo. – Mas vamos falar qualquer besteira, eles nunca vão saber.

Foi o que eu disse enquanto a câmera filmava e Martin Ron também começou a rir. Eu estava me divertindo com a situação, pois este era um território ainda mais novo para mim. Sentia-me um peixe fora d'água e precisava de um refresco.

Apareci na BBC Londres às seis, na noite da exposição. Sentei-me com George ao meu lado no apartamento e assisti à reportagem, o que me deixou muito desconfortável – muito mais do que quando estávamos filmando.

– O que foi que eu fiz? – perguntei a George. – Eu nunca quis ser o centro das atenções desse jeito.

"Depois desse espetáculo, você vai ter o que deseja", dizia o olhar em seu focinho.

Durante as semanas que antecederam a mostra, eu também havia sido entrevistado por vários repórteres de jornais locais e muitos colunistas de revistas.

Dissera a alguns dos jornalistas que fazia quase vinte anos que não via meus familiares, embora nenhuma das reportagens tenha entrado em detalhes sobre o passado de minha família. Sempre que mencionava a reunião familiar que estava esperando, sentia-me muito emotivo e ansioso. Apesar de todos os meus esforços com Jackie ao telefone, ainda não sabia se algum deles de fato compareceria.

Quando terminei de assistir à reportagem na TV, comecei a pensar no passado. Muita água havia rolado por baixo da ponte nos 16 anos em que estávamos afastados. Eu tinha 25 anos da última vez que havia visto a todos, poucos dias depois do funeral de Gerry. Eles compareceriam? Eu não fazia ideia. Algum imbecil apareceria? Comecei a suar antes mesmo de deixar o apartamento.

Eu sabia que teria de fazer um breve discurso mais tarde e tudo o que desejava dizer girava em minha cabeça. Havia tanto a comunicar. Eu queria explicar como havia tentado captar os prédios antigos enquanto eles ainda existiam, pois me fascinavam e Shoreditch estava passando por uma restauração tão rápida. Queria mencionar o fato de dar algo em troca à sociedade depois de ter sido um ladrão produtivo durante tantos anos. Havia recém-doado alguns de meus trabalhos à UNICEF e à Big Issue Foundation, que arrecadaram milhares de libras, e eu planejava fazer muito mais. Queria agradecer a todos os artistas de rua pelo imenso respeito que me haviam demonstrado ao colaborarem comigo.

Eu precisava igualmente pensar no encontro de Gary com seu pai, antes mesmo de chegar a agradecer a Griff. Havia tanto em que pensar. Se por algum milagre minha família comparecesse, como eu iria lidar com Malcolm, David e Jackie em meio a tudo isso? Como seria ter uma reunião de família em andamento ao mesmo tempo que esse outro evento monumental em minha vida?

Antes de deixar o apartamento para ir à galeria, sentei-me calmamente no sofá por alguns minutos, tentando me recompor. George espremeu-se ao meu lado como que para mostrar o quanto estava próximo de mim e que sabia que eu precisava de um pouco de apoio.

"Quem estou enganando?", pensei.

Uma pessoa definitivamente não compareceria. Infelizmente, Les havia morrido a apenas um mês da exposição, em paz, em sua cadeira de casa. Eu sabia que ele queria aguentar até a mostra, mas uma parte minha ficou aliviada que isso não houvesse ocorrido, pois sua hora havia chegado e eu não queria que ele se apegasse e sofresse por minha causa.

– O que Les teria dito, hein? – perguntei a George enquanto me preparava para deixar o apartamento.

"Esta é sua noite", foi a resposta. "Faça tudo o que estiver ao seu alcance para aproveitar."

Era exatamente o que Les teria dito e era tudo que eu precisava saber. Les não havia sido senão uma influência positiva e eu o deixaria orgulhoso.

Assim que cheguei à galeria, senti-me como um coelho apanhado por faróis. Ao me aproximar, vi a imensa fila na calçada do lado de fora. Ver aquelas pessoas ali foi surreal, pois para além delas eu via meu ponto na rua, diante da caixa de eletricidade. Um sujeito com um panfleto na mão achava-se parado ali, esperando para atravessar a rua. Aquilo me pareceu tão bizarro que não consegui assimilar o que estava acontecendo. Uma considerável parcela da sociedade de Shoreditch reunia-se ali. Havia hipsters ao lado de desabrigados, rapazes da Cidade, fashionistas, construtores, estudantes, outros artistas – todo o tipo de gente tinha começado a aparecer. Era como se a comunidade estivesse unindo forças por mim, que era como eu havia me sentido na rua. Quando não compravam um desenho, as pessoas colocavam uma moeda no copo de George para ajudar a me sustentar. Agora haviam atravessado a rua comigo e continuavam a me apoiar. Eu estava muito, muito grato; na realidade, aquilo era impressionante.

Quando as portas se abriram, as bebidas começaram a fluir e cinegrafistas e fotógrafos puxavam-me em todas as direções. Está tudo muito confuso em minha mente agora, mas recordo flashes sendo disparados e jornalistas agitando gravadores sob meu nariz. O repórter Tom Donkin, da BBC World, achava-se presente filmando a mostra e me entrevistou. Tom tornou-se um amigo, um dos muitos que fiz desde a exposição, embora naquela noite fosse apenas uma das pessoas que fizeram com que o evento parecesse mais uma estreia glamourosa que uma mostra de arte modesta em um velho prédio decadente. "O que é toda essa confusão?", eu continuava a pensar. "É de mim, John Dolan, que estamos falando!"

George parecia igualmente perplexo. Olhava para as pessoas ao redor como se dissesse: "Que diabos todos vocês estão fazendo aqui? E por que existem cinquenta desenhos quase idênticos meus na parede?"

O lugar estava incrível. Cada parede achava-se coberta por minha arte. Tínhamos quarenta colaborações no total, algumas apresentando três ou quatro dos artistas que haviam contribuído. Cinco grandes originais de edifícios haviam sido pendurados em uma extremidade, iluminados por uma fileira de refletores, e os desenhos pequenos de George, o Cão, e da High Street preenchiam toda uma parede lateral com as colaborações em frente. A repetição ficou estupenda.

Eu via Griff tirando fotos a torto e a direito enquanto eu conversava com os repórteres. Tentei abrir caminho contornando o salão, mas não foi fácil; havia duzentas pessoas socadas ali dentro, e outras duzentas do lado de fora, na rua, na fila para entrar.

Sem que eu soubesse, enquanto tudo isso acontecia, três táxis cheios de pessoas de idades variadas pararam lá fora. Os ocupantes olhavam espantados a cena diante deles, pois haviam sido coagidos a comparecer e esperavam um evento tranquilo e discreto.

Ainda preciso me beliscar enquanto escrevo isso, pois mal posso acreditar que tenha sido verdade. As pessoas no interior dos táxis eram Jackie e as filhas, Natalie e Emily, Malcolm com sua mulher Gaye e as duas meninas, Angel e Jessie, e mais David e a filha mais velha, Vicky, juntamente com o marido desta.

Todos entraram juntos e cada um deles parecia completamente atordoado com o que estava vendo. Eles haviam de fato achado que compareceriam a um espaço tranquilo, com meia dúzia de pessoas educadamente bebendo vinho. Mesmo isso teria sido uma façanha para mim, a ovelha negra da família. Era provavelmente o que eles estavam pensando, pois até então eu só havia causado problemas e decepções.

Vi Jackie e as filhas primeiro e abracei-as em meio a uma névoa de emoções. Tive de abrir caminho a cotovelos através da multidão para cumprimentar os outros membros de minha família, um após o outro. Foi incrivelmente emocionante vê-los após tantos anos, mas a coisa não se passou como se imagina que seja uma grande reunião como essa. Era impressionante tê-los ali, bem no meio da mostra, e acho que, na realidade, nenhum de nós conseguia assimilar tudo aquilo. Quando olho para trás agora, é como se eu tentasse recapturar um sonho, pois tudo me pareceu muito surreal. A melhor maneira de descrever a situação é dizer que eu sabia que estava acontecendo, mas quase parecia que não.

Malcolm e David mal haviam mudado e quando começaram a falar os anos pareceram fundir-se.

– O quê? Você fez tudo isso? – perguntou Malcolm enquanto examinava as colaborações, que estavam chamando muita atenção.

– Não é bem assim. Vou te explicar – respondi.

Percorri com ele a exposição e contei como havia conhecido ROA, Thierry Noir e Stik, e como o efeito dominó havia atraído mais e mais artistas de rua. Malcolm parecia genuinamente impressionado e então, de repente, escutei a voz de David atrás de mim. Girei e o ouvi perguntar descaradamente a Griff:

– Ele está roubando você, companheiro?

– Você não devia estar perguntando a John se eu estou roubando ele? – Riu Griff.

Por fim consegui cumprimentar David por ter se tornado membro da Ordem do Império Britânico. Contei que o havia visto no noticiário e que havia ficado muito orgulhoso por tudo que ele havia feito pelas pessoas na vida. Expliquei que por sua causa havia decidido trabalhar com instituições de caridade, tal como ele.

– A Christie's leiloou o trabalho da UNICEF e levantou milhares de libras – disse eu. – Tenho orgulho disso. Quero fazer mais coisas desse tipo.

Ele sorriu e disse:

– Você deve mesmo se orgulhar. São essas as coisas que importam, meu filho.

Sinceramente, eu poderia ter chorado. Quis deixar minha família orgulhosa por tantos anos e muito pouco tempo atrás havia perdido as esperanças. Agora mal podia acreditar que havia enfim conseguido – e de forma tão espetacular.

Quando chegou a hora de me levantar e dizer algumas palavras, as pessoas amontoaram-se na velha escadaria ao fundo da galeria para obter um ponto de observação melhor. A sala fez silêncio e senti os olhos de todos pousados em mim quando comecei a falar. George estava ao meu lado, calmo e impassível como sempre.

Comecei a explicar o conceito das colaborações e acho que disse alguma coisa sobre ter esperança de que meus desenhos da rua abrissem os olhos das pessoas para o mundo ao seu redor.

Enquanto falava, fiz contato visual com a filha mais velha de Jackie, Natalie. Ela é uma linda jovem agora e eu não a via desde muito pequena. Vê-la ali me encheu de tanta alegria que me levou quase às lágrimas. Tive de morder o lábio para prosseguir. Avistar Vicky, filha de David, teve o mesmo efeito sobre mim. Eu não a via desde que ela era adolescente e agora era uma contadora bem-sucedida.

– Vou ter que conversar com você sobre o seu imposto – disse ela sorrindo quando nos falamos depois.

Foi incrível ver todas as crianças – todos os meus sobrinhos e sobrinhas – como adultos realizados.

O pai de Gary compareceu, embora eu não tenha conseguido passar muito tempo com eles, e sei que os dois tiveram seu reencontro depois de vários anos separados. Isso significou muito para mim, pois eu queria que minha arte fizesse muito mais que apenas amealhar algumas libras para mim e para George. Como disse David quando lhe contei sobre meu trabalho com instituições de caridade: "São essas as coisas que importam." Foi uma noite transformadora e eu desejava usar essa mudança de forma positiva, para ajudar outras pessoas.

Georgie Tricks, um amigo muito querido, também compareceu, o que me fez ganhar a noite. Ele foi um dos companheiros com quem invadi o pátio de uma oficina mecânica aos 14 anos. Havia levado o filho, que tem dificuldades de aprendizagem, e senti um nó na garganta ao conhecê-lo e ver Georgie depois de vinte e tantos anos. Na verdade, fiquei tão comovido que perguntei se podia fazer alguma coisa por seu filho. Eu teria dado o dinheiro para uma viagem à Disneylândia ou algo assim, de tão emocionado que me senti ao vê-lo. Georgie me informou que seu filho não tinha permissão para voar, mas agradeceu o oferecimento. Na realidade, Georgie não precisava de minha ajuda nem da de ninguém, pois havia se saído muito bem, tendo casado com Tracy, seu amor de infância, e arranjado um bom emprego em uma agência de publicidade. Fiquei contentíssimo por ele e sabia que Dot também teria ficado. Ela e a mãe de Georgie, Annie, haviam sido muito amigas e as duas costumavam enlouquecer de preocupação pelo que aconteceria a nós dois. Acho que tanto Dot quanto Annie teriam se surpreendido e orgulhado pelo modo como Georgie e eu acabamos ao final.

Com o passar da noite, saí para pegar uma lufada de ar fresco, pois começava a me sentir um tanto extenuado. Havia tanta gente de pé, ombro a ombro, que eu estava fervendo de calor, para não mencionar o esgotamento emocional, com minha vida passada e presente colidindo dessa forma.

– Você está bem? – perguntou Georgie, pois também havia saído para tomar um pouco de ar.

– Acho que estou em choque – peguei-me dizendo. – Estou me sentindo um estranho em uma terra estranha.

Não tenho certeza de que Georgie soubesse o que dizer a respeito, mas não foi necessário, pois de repente uma voz de mulher o interrompeu:

– John, lembra de mim?

– Claro que lembro – respondi assim que ergui os olhos e vi seu rosto. – Você é Sarah!

Eu não a via desde que ela era adolescente, mas a reconheci de imediato: Sarah era a filha mais velha de Jimmy Dolan.

– Vimos você no noticiário – ela começou a explicar. – Papai andava se perguntando onde você esteve todos esses anos.

Perguntei por Jimmy, claro, e Sarah contou que ele havia amputado uma perna devido ao diabetes. Fiquei muito triste ao ouvir isso e pedi-lhe que mantivesse contato. Queria perguntar se Jimmy havia tentado me procurar, mas não o fiz. Havia centenas de perguntas a fazer, mas eu estava chegando ao ponto de não conseguir mais assimilar. Essas eram conversas para o futuro; não dava para lidar com mais que isso em uma noite.

Por volta das dez, eu mal podia esperar para ir para casa. Meus nervos estavam esgotados e sentia-me física e emocionalmente exausto. Precisava ficar sozinho com George, para tentar assimilar tudo que havia acontecido.

Apenas no dia seguinte descobri quanto havíamos vendido e comecei de fato a reconhecer a importância do dia. Todos os desenhos de George, o Cão, e dos prédios da High Street haviam conseguido entre vinte e cinquenta libras cada na noite e havíamos vendido trinta das colaborações que estavam na parede, cujos preços variavam de quinhentas a 3.500 libras. O total das vendas atingiu 35 mil libras, o que significava que, com as 15 mil libras das pré-vendas, havíamos vendido ao todo cinquenta mil em arte.

Cinquenta mil! Não parecia real, mas o dinheiro estava longe de ser tão importante quanto o que havia acontecido com minha família.

"Quando cheguei de táxi e vi tanta gente na exposição, fiquei muito orgulhoso", David havia dito. Esse foi um momento incrível; ele não poderia ter dito nada melhor. Fui a ruína da vida de minha família durante décadas, mas havia finalmente acabado bem. Obter tal reconhecimento por parte de meu irmão mais velho significou absolutamente tudo para mim. Eu poderia ter morrido e ido para o céu naquele instante, pois havia alcançado a aspiração de toda uma vida.

– Eu disse que ia conseguir, não disse? – perguntei a George por fim, pois ele me observava com muita atenção enquanto eu mergulhava em meus pensamentos, processando mentalmente tantos acontecimentos transformadores. – Deixei minha família orgulhosa e ganhamos cinquenta mil! – continuei, dando-lhe um tapinha. – Quem teria imaginado?

George agora trazia no focinho o mesmo ar irônico do dia em que Griff havia me contado sobre as pré-vendas, uma expressão que dizia: "Quando recebo minha metade?"

Tomei-o nos braços e dei-lhe um grande abraço. Ele merecia mais que a metade. Eu devia a George absolutamente tudo.

Epílogo

O processo de escrever este livro me fez fazer duas grandes perguntas. Onde tudo começou a dar errado... e onde tudo começou a dar certo?

Oito meses já se passaram desde a exposição e continuo a assimilar a mudança sísmica pela qual minha vida passou.

Como mencionei, eu não via a mostra apenas como um meio de ganhar dinheiro e garantir meu futuro e o de George. Queria que o evento fizesse diferença na vida de outras pessoas também, ao inspirar outros desabrigados e gente que estivesse enfrentando problemas semelhantes àqueles pelos quais passei.

Ter a chance de escrever este livro foi um verdadeiro presente, pois me deu a oportunidade de compartilhar detalhes de meu passado e explicar como e por que saí dos trilhos. Espero sinceramente que quem esteja lendo este livro e tenha tido a sorte de ter um começo de vida melhor que o meu compreenda como merdas acontecem com algumas pessoas, pois é assim que as coisas são.

Não nasci mau. Não tenho genes que me transformaram automaticamente em ladrão, viciado ou sem-teto. Apenas recebi cartas ruins no jogo da vida, como tantas outras pessoas no mundo, e levei muito tempo para embaralhá-las e por fim colocar a casa em ordem.

Não culpo ninguém. Muitas pessoas têm um começo muito pior que o meu, e aprendi que, independentemente das cartas que recebemos, a vida é, em última análise, aquilo que fazemos dela. Temos de procurar nossos dons – pois todos os possuímos – e de empregar nossas habilidades para sair da merda da melhor forma possível, inúmeras vezes se necessário.

Quando olho para trás, mal posso acreditar que tive a audácia, ou os colhões, para cometer tantos roubos durante tantos anos. Certamente não me orgulho de meu passado criminoso, ainda que as lembranças de algumas enrascadas nas quais me meti ainda hoje me façam rir em alto e bom som.

Em minha juventude, tentei me convencer que o tipo de crime no qual me especializei não prejudicava ninguém, mas não enxergo a coisa assim agora. Crime nenhum é isento de vítimas, mesmo que seja roubar uma maldita filial da Dunkin' Donuts!

Quando Griff e eu estávamos organizando a mostra, eu não parava de dizer que tínhamos de ser caridosos, pois realmente acredito que o que vai, volta. Estive no extremo receptor de muitas instituições de caridade quando morava na rua e queria desesperadamente começar a dar algo em troca à sociedade.

O trabalho filantrópico que realizei até agora, para a UNICEF e a Big Issue Foundation, é só o começo. Também ajudei o Centrepoint, fornecendo desenhos para um leilão de caridade, e recentemente tomei parte em um projeto artístico de base comunitária com o Museu de Londres. Minha pretensão é apoiar instituições de caridade globais e ajudar pessoas na Índia que ainda não têm acesso a cuidados médicos básicos nem água potável, muito menos a um teto sobre a cabeça.

Após o sucesso da exposição, Griff instituiu a galeria Howard Griffin como espaço permanente no 189 da rua Shoreditch High. E no final deste ano, Griff e eu vamos organizar uma mostra em Los Angeles, semelhante à mostra de Londres, mas usando uma paisagem da cidade como base para as novas colaborações. Honestamente, mal posso acreditar – é surreal! Ainda me parece milagre ter conseguido um passaporte e o dinheiro para ir aos EUA, quanto mais organizar lá uma exposição.

Minha irmã Jackie fez cinquenta anos este ano e fui convidado para a festa, em um espaço elegante na alameda Chancery.

– Você vem, não é? – perguntou Malcolm de antemão.

– Quem vai estar lá? – perguntei por minha vez.

– Família e amigos – respondeu ele. – Você tem que ir!

Há muito pouco tempo, eu só poderia ter sonhado com uma conversa como essa, e é claro que fui.

Jackie parecia realmente muito bem e estava cercada não só pela família, mas por muitas pessoas de seu passado, como velhos colegas de escola e amigos que eu conhecia do President House.

Assim como na mostra, foi coisa demais para assimilar. Muitas pessoas sabiam dos problemas que tive ao longo dos anos e fiquei um pouco tenso, para ser honesto, preocupado com o que talvez dissessem a meu respeito. Elas podiam dizer coisas boas agora, claro, mas eu não tinha certeza.

Não fiquei até tarde, desculpei-me e saí. Esta não é uma versão hollywoodiana adolescente de minha vida e não quero fingir que existe um final perfeito e feliz, pois não é verdade. Na realidade, vou levar algum tempo para reconstruir todas as pontes que destruí ao longo dos anos, mas sou muito grato pela oportunidade e não vou estragar tudo dessa vez. Finalmente aprendi minhas lições.

George estava dormindo quando cheguei em casa naquela noite e sentei-me e o contemplei por um bom tempo, pensando no que poderia ter acontecido se ele não tivesse entrado em minha vida.

Eu estava totalmente perplexo. Como um staffordshire havia conseguido mudar tanto minha vida? Era a mais absoluta loucura, ainda que a mais pura das verdades.

Tenho realmente uma tremenda dívida para com George e espero que ele saiba o quanto o amo.

Agradecimentos

Agradeço aos artistas de todo o mundo que me deram a grande honra de colaborar comigo; sou extremamente grato a todos vocês.

2501 (Itália)
Agostino Iacurci (Itália)
Ben Wilson (também conhecido como Chewing Gum Man) (Reino Unido)
Broken Fingaz Crew (Israel)
BRK (Espanha)
C215 (França)
CEPT (Reino Unido)
Christiaan Nagel (África do Sul)
Cityzen Kane (Reino Unido)
David Walker (Reino Unido)
Dscreet (Austrália)
Ekta (Suécia)
Flying Fortress (Alemanha)
Gold Peg (Reino Unido)

Gaia (EUA)
Hitnes (Itália)
Ian Stevenson (Reino Unido)
Kid Acne (Reino Unido)
Know Hope (Israel)
Liqen (Espanha)
MadC (Alemanha)
Malarky (Reino Unido)
Martin Ron (Argentina)
Maser (Irlanda)
Michael De Feo (EUA)
Pablo Delgado (México)
Pelucas (Espanha)
Pez (Espanha)
ROA (Bélgica)
Ronzo (Alemanha)
Rowdy (Reino Unido)
RUN (Itália)
Sever (EUA)
Steve ESPO Powers (EUA)
Stik (Reino Unido)
Swet (Dinamarca)
The London Police (Reino Unido)
The Rolling People (Reino Unido/Espanha)
Thierry Noir (França)
Zomby (Reino Unido)

Além dos artistas, muitas pessoas reuniram-se para me ajudar nesta jornada e sem elas George e eu não teríamos conseguido.

Agradeço, mais uma vez, a todos os artistas que me deram a honra de colaborar comigo. Agradeço a David Burns por ter me permitido usar o topo do telhado de seu escritório para desenhar o horizonte de Shoreditch e agradeço a Carina Claassens por certificar-se de que eu de fato chegasse até lá. Um agradecimento especial a Ron e Oren Rosenblum por terem cedido, de forma tão generosa, o n. 189 da rua Shoreditch High para minha exposição. Um superagradecimento a Hannah Zafiropoulos por seu trabalho árduo e incansável, suas habilidades organizacionais e também por percorrer as ruas de Shoreditch à procura do local certo para a exposição. Agradeço a Dave e Paddy Evans e Robin Phillips pela ajuda para pendurar todos os trabalhos no dia da inauguração; sem eles não haveria nada nas paredes. Agradeço a Gary Rixon pela distribuição dos folhetos da exposição em Shoreditch. Agradeço a Will Robson-Scott, Marcus Peel, Albert Thorne, Rob Weir e Tom Donkin por suas habilidades atrás das câmeras. Agradeço a Silja Andersen da fundação The Big Issue e a Francesca Giorgi-Monfort e David Morris pela ajuda e paciência. Agradeço a todos que compareceram à inauguração da exposição e ajudaram a torná-la uma das noites mais agradáveis de minha vida e um agradecimento adicional a todos os que compraram um trabalho artístico meu naquela noite.

Agradeço a meu editor Jack Fogg na Random House e a toda a equipe que trabalhou muito para fazer com que este livro acontecesse. Agradeço também a Rachel Murphy por toda a sua ajuda e apoio.

Um sincero agradecimento de George e meu à comunidade de Shoreditch, que nos apoiou durante três anos na High Street. Quando não compravam desenhos, colocavam dinheiro no copo de George e quando não faziam isso, as pessoas sempre ofereciam palavras de encorajamento.

Agradeço a Big Ben e Paul, do Rainbow Sports Bar, que sempre me protegeram nas noites de sexta-feira, quando todos os bêbados loucos farreavam em Shoreditch.

E por último, agradeço a Richard Howard-Griffin, também conhecido como Griff. Sem sua amizade e dedicação, nada disso teria acontecido.

Reconhecimento das imagens

Fotografias

Todas as imagens das páginas 148 e 149, parte inferior da página 152 © Albert Julià Torné

Todas as imagens das páginas 150 e 160, parte inferior da página 159 © Rob Weir

Todas as outras imagens são cortesia do autor ou de Richard Howard-Griffin.

Foram feitas todas as tentativas cabíveis para contatar todos os titulares de direitos autorais, mas caso haja erros ou omissões, acrescentaremos o reconhecimento oportuno nas edições subsequentes do livro.

Todas as ilustrações © John Dolan

E quando o sol se pôs e o dia chegou ao fim, John Dolan, o artista, e George, o cão, viveram felizes para sempre.

E quando o sol se pôs e o dia chegou ao fim, John Dolan, o artista, e George, o cão, viveram felizes para sempre.

Este livro foi impresso na
LIS GRÁFICA E EDITORA LTDA.
Rua Felício Antônio Alves, 370 – Bonsucesso
CEP 07175-450 – Guarulhos – SP
Fone: (11) 3382-0777 – Fax: (11) 3382-0778
lisgrafica@lisgrafica.com.br – www.lisgrafica.com.br